PROCLAMANDO
A CRISTO
EN UNA ERA
PLURALISTA

Libros de J. I. Packer publicados por Portavoz

Proclamando a Cristo en una era pluralista
Teología concisa para todos

«J. I. Packer pronunció en 1978 estas conferencias en Reformed Bible College de Michigan, y luego viajó a Australia para presentar la segunda serie de conferencias anuales en Moore College. ¡Así que llevamos más de cuarenta y cinco años esperado que se publiquen! Sin embargo, precisamente debido al largo intervalo entre la presentación y la publicación, este libro puede desafiarnos en forma poderosa respecto a lo bajo que hemos caído desde aquellos días. Estos capítulos nos recuerdan al Packer clásico: un estilo calmado y correcto, un enfoque incansable en el Señor Jesús nuestro Salvador, una fidelidad a las Escrituras y una perspectiva crítica sobre los movimientos que dan forma al mundo en que vivimos como discípulos cristianos. Sin duda, vale la pena leer este libro, y lo recomiendo encarecidamente».

Mark D. Thompson, director de Moore Theological College

«J. I. Packer estableció un nivel muy alto para la proclamación del evangelio de Cristo. Sus argumentos fueron compasivos pero no acobardados, firmes pero no estridentes, fieles pero no repetitivos. Ahora, con la publicación de sus conferencias de 1978, todos nos enriquecemos más profundamente para "la defensa y confirmación del evangelio" (Fil. 1:7) en nuestra generación».

Ray Ortlund, presidente de Renewal Ministries

«En mi juventud fui bombardeado con enseñanza que negaba la unicidad absoluta de Cristo. Nos decían que tal afirmación se basaba en unos cuantos textos probatorios que iban contra el mensaje total de la Biblia. En ese tiempo, los escritos y mensajes grabados de J. I. Packer me ayudaron a convencerme de que nuestra afirmación de unicidad se basaba principalmente no solo en unos cuantos textos probatorios, sino en la persona y obra de Cristo, quien fue la respuesta del Creador al dilema que enfrentaba su creación. Me alegra mucho ver este material en circulación en un nuevo formato. El problema es aún más crítico hoy día que en mi juventud. Esta sólida exposición por parte de Packer es a la vez oportuna y poderosamente convincente».

Ajith Fernando, director académico de Youth for Christ,
Sri Lanka; autor de *El discipulado en un mundo multicultural*

PROCLAMANDO A CRISTO EN UNA ERA PLURALISTA

Conferencias inéditas

J. I. PACKER

EDITORIAL PORTAVOZ

Título del original: *Proclaiming Christ in a Pluralistic Age: The 1978 Lectures,* © 2024 por Glevum Publication, LTD, y publicado por Crossway, un ministerio editorial de Good News Publishers, Wheaton, IL 60187, U.S.A. Traducido con permiso. Todos los derechos reservados.

Edición en castellano: *Proclamando a Cristo en una era pluralista* © 2024 por Editorial Portavoz, filial de Kregel Inc., Grand Rapids, Michigan 49505. Traducido con permiso. Todos los derechos reservados. Publicado por acuerdo con Crossway.

Traducción: Ricardo Acosta

EDITORIAL PORTAVOZ
2450 Oak Industrial Drive NE
Grand Rapids, MI 49505 USA
Visítenos en: www.portavoz.com

ISBN 978-0-8254-5090-7 (rústica)
ISBN 978-0-8254-6305-1 (Kindle)
ISBN 978-0-8254-6306-8 (epub)

1 2 3 4 5 edición / año 33 32 31 30 29 28 27 26 25 24

Impreso en los Estados Unidos de América
Printed in the United States of America

Conferencias Baker sobre Misiones de 1978,
en Reformed Bible College,
Grand Rapids, Michigan

Conferencias de 1978, en Moore Theological College,
Sídney, Australia

Contenido

Bosquejo

1. Tenemos una historia que contar: Predicamos a Cristo crucificado

Antítesis del evangelio

    Escepticismo irrazonable de los judíos que pedían señales

    Intelectualismo agresivo de los griegos que buscaban sabiduría

    Predicamos a Cristo crucificado

Antítesis del evangelio hoy

    Los intelectuales buscan sabiduría

    Los liberales buscan necesidades

Historia del evangelio

    Tenemos una historia que contar

    El centro de la historia

    Una historia con muchos aspectos

        Historia del reino de Dios

        Historia del pueblo de Dios

        Historia de la mediación de Dios

        Historia del triunfo de Dios

        Historia de Dios el Padre glorificando a su Hijo

        Historia de la imagen de Dios

2. Cristo Jesús, el hombre: La humanidad de Jesucristo

    ¿Qué clase de hombre es Jesús?

    1. Naturaleza de los Evangelios

    2. Jesús en el Nuevo Testamento

        a. Jesús es el Mesías

    b. Jesús es el Hijo de Dios

    c. Jesús es el único camino al Padre

    d. Jesús es la única esperanza

3. Jesús en la visión humanista moderna

    La Biblia: Confiabilidad y reconstrucción

    Jesús: ¿Hombre o mito?

    El Nuevo Testamento: ¿Realidad o ficción?

4. Jesús: Hijo y Salvador

3. Cristo se despojó a sí mismo: La divinidad de Jesucristo

Historia: Cristo crucificado

El Salvador: Cristo Jesús, el Dios-hombre

Especulaciones

    Identidad cristológica: Dios eterno

    Identidad cristológica: Siervo sufriente

    Identidad cristológica: Hijo encarnado

La teoría

    ¿Qué es la teoría de la kénosis?

    ¿Por qué se considera la teoría de la kénosis?

    ¿Es bíblica la teoría de la kénosis?

    ¿Es necesaria la teoría de la kénosis?

        ¿Qué pasó con la omnisciencia divina?

        ¿Qué pasó con la Trinidad?

        ¿Qué pasó con la doble naturaleza de Cristo?

        ¿Qué pasó cuando Cristo regresó al cielo?

        ¿Existe una explicación mejor?

La teoría

Misterio divino

Amor divino

4. Un intercambio maravilloso: La obra de Jesucristo

Un intercambio maravilloso

    Primera etapa: Sustitución

    Segunda etapa: Reconciliación

La necesidad de la cruz

Especulaciones teológicas

    Pluralismo: Todas las religiones salvan

    Catolicismo romano: Cristianos anónimos serán salvos

    Universalismo: Todos serán salvos

        1. El universalismo y las decisiones humanas

        2. El universalismo y la predicación del evangelio

        3. El universalismo y la conciencia cristiana

Un mundo que se pierde

Un Dios soberano

Un llamado urgente

Prólogo del editor[1]

En 2020, el pastor Griffin Gulledge de Madison Baptist Church en Georgia, candidato a un doctorado en Teología Sistemática en Southeastern Baptist Theological Seminary, publicó en su blog cinco videos en blanco y negro de Packer dando conferencias en Moore Theological College de Sídney, Australia, en el año 1978.[2] Crossway encargó la transcripción y edición inicial de las conferencias a la redactora independiente Karalee Reinke.

Investigaciones adicionales sobre la procedencia de este material revelan que Packer pronunció primero estas conferencias en Reformed Bible College (ahora Kuyper College) de Grand Rapids, Michigan, y que fueron ligeramente revisadas para su presentación en Moore. Aunque la intención era que las conferencias se publicaran como un libro, esto nunca llegó a materializarse.

A lo largo de estas conferencias, hay algunas secciones (según se documenta en las notas de este libro) que fueron reutilizadas de

---

1. Parte de este prólogo está adaptada de Justin Taylor, «J. I. Packer (1926-2020)», TGC, 17 julio, 2020, https://www.thegospelcoalition.org. Para biografías y estudios de Packer, véase en particular, Alister McGrath, *J. I. Packer: His Life and Thought* (Downers Grove, IL: InterVarsity, 2020); Leland Ryken, *J. I. Packer: An Evangelical Life* (Wheaton, IL: Crossway, 2015); Sam Storms, *Packer on the Christian Life: Knowing God in Christ, Walking by the Spirit* (Wheaton, IL: Crossway, 2015); Timothy George, ed., *J. I. Packer and the Evangelical Future: The Impact of his Life and Thought* (Grand Rapids, MI: Baker Academic, 2009); Don J. Payne, *The Theology of the Christian Life in J. I. Packer's Thought* (Eugene, OR: Wipf and Stock, 2006).

2. Griffin Gulledge, «J. I. Packer's 1978 Moore College Lectures», Contra Mundum, https://griffingulledge.com.

artículos publicados con anterioridad. Se reutilizó en particular una de las conferencias que Packer pronunció en Dallas Theological Seminary en abril de 1972, como parte de las conferencias en memoria de W. H. Griffith Thomas. También se reutilizó una conferencia pronunciada en julio de 1973 en Tyndale House, Cambridge, sobre la lógica de la sustitución penal. Estamos agradecidos con todas estas instituciones por su cordial cooperación.

Las conferencias en este libro constituyen una narrativa que empieza en la eternidad pasada, culmina en la cruz del Calvario, donde se exponen tanto la persona como la obra de Cristo, y termina aplicando las buenas nuevas a nuestra propia época.

Packer empieza señalando que los judíos exigían señales y los griegos buscaban sabiduría (y hoy día los intelectuales piden sabiduría y los liberales buscan necesidades), pero nosotros tenemos una historia que contar, que es diferente y mejor: la historia de Cristo crucificado y resucitado. Esta historia de múltiples facetas (el reino de Dios, su pueblo, su mediación, su victoria, su Hijo y su imagen) es la verdadera historia que debe proclamarse hoy para que todos la escuchen.

En la segunda conferencia, Packer analiza la humanidad de Jesús el Mesías, el Hijo de Dios, el único camino al Padre y, por tanto, nuestra única esperanza. Packer describe y refuta los modernos puntos de vista humanistas que circulaban en la década de 1970.

La tercera conferencia de Packer deja atrás la humanidad de Cristo para centrarse en su divinidad como Dios eterno, Siervo sufriente e Hijo encarnado. Packer examina la teoría de la kénosis, según la cual Cristo se despoja de sus atributos, y la considera insuficiente antes de proponer su propia interpretación que pretende tomar en cuenta todo el testimonio bíblico.

La cuarta conferencia pasa de la persona a la obra de Cristo, glorificándose en el maravilloso intercambio. Packer analiza varias categorías de la cruz: sacrificio, rescate, redención y propiciación, antes de exponer en mayor profundidad las categorías de sustitución y satisfacción.

Finalmente, en la quinta conferencia, Packer examina la unicidad de Cristo. Al igual que con todas las demás conferencias, primero expone la verdad teológica, mirando la cruz desde los ángulos del propósito, la persona, el acontecimiento, la verdad, el testimonio, la predicación, la reivindicación y la necesidad. A continuación, pone su mirada en tres objeciones a la unicidad de Cristo: el pluralismo (todas las religiones salvan); el catolicismo romano (cristianos anónimos se salvarán); y el universalismo (todos serán salvos).

Las conferencias son típicas de Packer. Al igual que el apóstol Pablo, Packer se gloriaba en la cruz, se jactaba en ella solamente, y estaba convencido de que su proclamación era esencial en todas las épocas, en especial en la nuestra que es pluralista. Aunque estas conferencias llevan las marcas de su era, pronunciadas hace cuarenta y cinco años, el mensaje es eternamente relevante. Hemos procurado editarlas con liviandad, añadiendo subtítulos y citas, a la vez que suavizando la prosa según lo requiera su forma escrita. No hemos querido editarlas a tal grado que pierdan algo de su sabor original, como discursos orales.

A lo largo de sus casi setenta años de ministerio público, en el aula, en iglesias y por medio de sus escritos, Packer resaltó la importancia de conocer y de orar al Dios trino y de tener comunión con Él. Packer exhortó a la iglesia a tomar en serio la santidad y el arrepentimiento, caminando en el Espíritu y luchando contra el pecado que mora en nosotros. Defendió la autoridad bíblica y promovió la causa de la enseñanza para hacer discípulos. Además, hizo que varias generaciones conocieran a sus queridos antepasados puritanos, a quienes consideraba los pilares de la fe cristiana.

Packer mismo se veía como «una voz que avisaba a las personas que regresaran a las sendas antiguas de la verdad y la sabiduría». Pasó toda su vida oponiéndose a la idea «de que lo más nuevo es lo más auténtico, de que únicamente lo reciente es lo decente, de que todo cambio es un paso adelante, de que la última información se debe aclamar como la última palabra en el tema».[3] Aunque Packer estaba dispuesto a abordar y participar en las controversias de su época, escribió: «Me gustaría que me recordaran como alguien que señaló los pastizales».

Que las conferencias plasmadas en este libro te señalen los pastizales a medida que camines con el Buen Pastor, quien es el Salvador del mundo.

---

3. J. I. Packer, «Is Systematic Theology a Mirage? An Introductory Discussion», en *Doing Theology in Today's World: Essays in Honor of Kenneth S. Kantzer*, eds. John D. Woodbridge y Thomas Edward McComiskey (Grand Rapids, MI: Zondervan, 1991), p. 21.

1

Tenemos una historia que contar

Predicamos a Cristo crucificado

Antítesis del evangelio

El apóstol Pablo explicó así el evangelio a los corintios:

> Nosotros predicamos a Cristo crucificado, para los judíos ciertamente tropezadero [*skándalon*], y para los gentiles locura [*moría*]; mas para los llamados, así judíos como griegos, Cristo poder de Dios, y sabiduría de Dios (1 Co. 1:23-24).

Al hacerlo, Pablo pone su evangelio en antítesis a dos formas de autoafirmación intelectual del siglo I:

> Los judíos piden señales, y los griegos buscan sabiduría (1 Co. 1:22).

Por medio de dos actitudes se revela esta autoafirmación: por sus *preguntas* acerca del evangelio y por sus *reacciones* al evangelio. Tanto por las preguntas como por las reacciones los conocerás.

Escepticismo irrazonable de los judíos que pedían señales

Primero estaba la actitud de los judíos. Pablo dice que ellos pedían señal. ¿Qué significa eso? ¿Que los judíos eran realistas testarudos, reacios a dar un paso más allá de la evidencia? No, no significa nada de eso. Significa que los judíos se mostraban como escépticos irrazonables. La señal que los judíos pedían en aquella época era un tipo de evidencia que podemos describir como milagros y magia por encargo.

La segunda tentación que se le planteó a nuestro Señor Jesucristo en el desierto había tomado la forma de una invitación a hacer milagros y magia por encargo. ¿Recuerdas cómo el diablo tentó al Señor diciéndole básicamente: «Lánzate desde el pináculo del templo y levántate del suelo sin ninguna herida, y los cautivarás» (cp. Mt. 4:5-6)? Esa fue la esencia de la tentación. Y Jesús la rechazó. Él no estaba buscando apoyo, ni reuniendo seguidores, partiendo de esa base. Así leemos que «vinieron entonces los fariseos y comenzaron a discutir con él, pidiéndole señal del cielo, para tentarle... De cierto os digo que no se dará señal a esta generación. Y dejándolos, volvió a entrar en la barca, y se fue a la otra ribera» (Mr. 8:11-13).

Estas peticiones de los judíos realmente son escepticismo disfrazado de interés. En el fondo es una actitud de falta de voluntad para creer. ¿Qué es lo que exigían? Milagros y magia por encargo es algo que resulta arrogante y arbitrario exigir en una situación en que ya se habían proporcionado abundantes señales. Eso es lo que debemos comprender. En el ministerio de nuestro Señor Jesucristo, tal como lo vieron los presentes y según lo relató el apóstol Pablo a los corintios y a otros, ya se habían dado abundantes señales.

¿Recuerdas cómo en los primeros versículos de Mateo 11 se nos habla de los mensajeros que llegaron de parte de Juan el Bautista, quien languidecía en la cárcel, para preguntarle al Señor Jesús: «¿Eres tú aquel que había de venir, o esperaremos a otro?» (Mt. 11:3)? Y esta era la duda de Juan.

A Juan le habían sorprendido algunas de las cosas que Jesús había estado haciendo, y tal vez más aún las que Jesús *no* había hecho. La idea de Juan, basada en la forma en que Dios lo había impulsado a anunciar la venida del Mesías, era que tan pronto como empezara el ministerio de Jesús comenzarían a ocurrir acontecimientos catastróficos: actos de juicio, actos de importancia traumática para la vida de la nación.

Jesús no había estado ministrando de esa manera. De ahí la pregunta: ¿Eres tú aquel que había de venir? Aquel que «está listo para separar el trigo de la paja con su rastrillo» y «luego limpiará la zona» (Mt. 3:12, NTV), o debemos esperar a otro?

¿Recuerdas cómo respondió Jesús a la pregunta de Juan? El mensaje que envió a través de los discípulos de Juan fue este: «Id, y haced saber a Juan las cosas que oís y veis. Los ciegos ven, los cojos andan, los leprosos son limpiados, los sordos oyen, los muertos son resucitados, y a los pobres es anunciado el evangelio» (Mt. 11:4-5). Vayan y cuéntenle a Juan aquellas cosas que están sucediendo, y díganle: «Bienaventurado es el que no toma *ofensa* en mí» (RVA-2015), o que no halle tropiezo (Mt. 11:6). Ofensa o tropiezo se originan en la misma raíz de donde viene *skándalon*. Bienaventurado el que no encuentra en mí motivo de tropiezo. Bienaventurado el que discierne el significado de las señales que se están dando en mi ministerio y está dispuesto a confiar en mí respecto a aquellos asuntos que demuestran que cumplo estas expectativas.

Pero las señales que se habían brindado fueron las decisivas. Porque lo que Jesús deseaba que Juan comprendiera fue esto: que allí se estaba cumpliendo lo que hacía mucho tiempo Isaías había profetizado. Conocemos bien las palabras. Están en el capítulo 35 de la profecía, y Händel les compuso música memorable en «El Mesías». Isaías había profetizado: «Entonces los ojos de los ciegos serán abiertos, y los oídos de los sordos se abrirán. Entonces el cojo saltará como un ciervo, y cantará la lengua del mudo» (Is. 35:5-6). Esto debía ocurrir el día en que Dios visitara a su pueblo para bendecirlo.

Sí, las señales se habían dado. Y una más se daría. Jesús se refiere a eso en los primeros versículos de Mateo 16, donde vemos que le vuelven a pedir señal. «Vinieron los fariseos y los saduceos para tentarle, y le pidieron que les mostrase señal del cielo. Mas él respondiendo, les dijo… La generación mala y adúltera demanda señal; pero señal no le será dada, sino la señal del profeta Jonás» (Mt. 16:1-2, 4). Y en otra parte había interpretado esa referencia que así «como estuvo Jonás en el vientre del gran pez tres días y tres noches, así estará el Hijo del Hombre en el corazón de la tierra tres días y tres noches» (Mt. 12:40). Y después de eso, ninguna otra señal. Después de eso, volvería a vivir.

La señal de la resurrección debía darse para confirmar el testimonio que surgió de tales sanidades milagrosas y obras de misericordia que Jesús realizó durante su ministerio de tres años en Galilea. Las señales se *habían* dado. Ese es el punto que debe comprenderse.

Pero los judíos que oyeron los relatos seguían buscando una señal. No aceptaban las señales que se habían dado, porque no se habían hecho por encargo. Se podría decir que los judíos decidieron que tenían la última palabra, que especificaban qué señales debían darse y dónde. Querían que Dios, por así decirlo, bailara al son que le tocaran. Esto es escepticismo frívolo. Es una expresión de incredulidad disposicional. *No poder* creer, en esta situación, significa *no querer* creer.

De manera irrazonable, los judíos pedían señales. Muchas de ellas ya se habían dado, a las cuales estaban haciendo caso omiso. Jesús puso el dedo en la llaga de la incredulidad disposicional, del escepticismo acérrimo, cuando al final del relato que contó del hombre rico y Lázaro, declaró esto: «Si no oyen a Moisés y a los profetas, tampoco se persuadirán aunque alguno se levantare de los muertos» (Lc. 16:31). No creo que eso necesite algún comentario aclaratorio de mi parte.

Intelectualismo agresivo de los griegos que buscaban sabiduría

Pablo siguió diciendo que los griegos buscaban sabiduría. ¿Qué significa eso? ¿Es la búsqueda de sabiduría una señal de inteligencia mayor y superior? Sin duda los griegos habrían insistido en que así era, porque se consideraban personas de inteligencia mayor y superior. Pero nosotros tenemos que decir que no a ese punto de vista. Esta petición de sabiduría no es eso. Se trata más bien de una característica del intelectualismo agresivo, que es algo muy distinto.

¿Cuál era la sabiduría que pedían que Pablo les proporcionara? Lo que buscaban era una clase de comunicación a la que estaban acostumbrados y en la que se interesaban. Y es probable que Pablo tuviera aquí dos cosas en mente mientras hablaba.

Algunos buscaban especulaciones filosóficas sobre el mundo, la vida y las cosas, especulaciones basadas en aires de razón audaz. Otros buscaban doblemente el tipo de *gnosis*, conocimiento interior, que ofrecían las sectas mistéricas. A esto también a menudo se le llamaba sabiduría en el siglo i d.C. Consistía en proveer secretos ocultos que conferían poder sobrenatural y daban información al seguidor de la secta mistérica respecto a toda clase de lo que se suponía que eran misterios espirituales, haciéndolo sentir, por consiguiente, que formaba parte de la élite espiritual.

Estos eran los dos tipos de sabiduría que le pedían a Pablo. ¿Qué debemos decir de los judíos y los griegos? Así como Pablo los describe, corresponden a casos muy conocidos y populares. He aquí actitudes que están muy lejos de haber desaparecido.

Todos hemos conocido alguien que expresa: «Quiero hechos científicos. Quiero pruebas científicas para poder creer». El individuo se reserva el derecho de designar lo que considerará o no como prueba científica. Esta clase de persona es un sucesor espiritual de los judíos.

De igual manera hemos conocido al individuo que asegura: «Soy un hombre de razón. Yo me dejo guiar por la razón. Me dirijo por las verdades de la razón. Sea lo que sea que tengas que decirme, debes presentármelo como una verdad de la razón, o no lo tomaré en serio, y no puedes esperar que haga lo contrario». Ese individuo es descendiente espiritual de los griegos.

Predicamos a Cristo crucificado

Ni el tipo judío ni el tipo griego están dispuestos a aceptar por revelación las cosas de Dios. Esta fue la controversia que suscitó el evangelio, y que Pablo en su testimonio debió reivindicar constantemente en cualquier lugar al que iba. El apóstol anunciaba lo que en 1 Corintios 1:18 se llama «la palabra de la cruz». Y en el versículo 23 declaró: «Nosotros predicamos a Cristo crucificado».

Ahora bien, sin duda alguna era sorprendente que alguien dijera esto. El Cristo (se trata de un título, el nombre de un cargo como dirían los presbiterianos) es el gobernante mundial ungido de Dios, aquel a quien Pablo en los primeros diez versículos de este capítulo se había referido no menos de seis veces como el «Señor Jesucristo» o «Jesucristo nuestro Señor»:

- *Jesús*, el nombre personal;
- *Cristo*, el título del cargo; y
- *Señor*, el título general en el mundo antiguo dado a las personas a las que debía adorarse.

Y Pablo afirma que debemos predicar a Cristo como crucificado. Es decir, proclamamos que fue ejecutado como un malhechor, porque solo a los malhechores se les crucificaba en el mundo antiguo. La pena capital se imponía por delitos graves y rebeliones civiles.

Podemos ver lo paradójico y sorprendente que esto parece, y podemos ver lo humillante que es el mensaje, como Pablo lo explica. Porque si le hubiéramos preguntado a Pablo qué significaba que Cristo, el gobernante ungido a quien Dios había designado, fuera crucificado, hubiera contestado que «Cristo murió por nuestros pecados, conforme a las Escrituras» (1 Co. 15:3). No había manera posible en que el ser humano pudiera ser llevado ante Dios, a no ser que el Cristo muriera por los pecados de la humanidad.

Todos los seres humanos tenemos pecados que deben ser perdonados, y ninguno de nosotros puede eliminarlos por sus propios esfuerzos. Pero cuando Pablo predicó su mensaje de Cristo crucificado, su palabra de vida y esperanza para el mundo ofendió de inmediato a los judíos. En primer lugar, esto degradaba las propias esperanzas mesiánicas que tenían. En segundo lugar, sugería que Dios era débil al permitir que el Mesías fuera a la cruz. Pablo habla irónicamente de «lo débil de Dios» (1 Co. 1:25), por supuesto, haciéndose eco de lo que los judíos críticos dijeron acerca del mensaje que el apóstol les predicó. Esto hace que Dios parezca débil, y se centra en la eliminación del pecado, lo que al judío común y corriente (que confiaba en los sacrificios ofrecidos en el templo) debió parecerle simplemente un mensaje irrelevante.

De igual manera, cuando Pablo predicó del Cristo crucificado a los griegos, esto les pareció una tontería, y así se lo hicieron saber. Pablo obviamente está haciéndose eco en forma irónica de lo que los griegos expresaron cuando les habló de «lo insensato de Dios» (1 Co. 1:25). Esta es una historia muy tonta, dijeron sus críticos griegos. También a ellos el mensaje de la eliminación del pecado por medio de la muerte del Mesías les parecía irrelevante para sus propias necesidades. Así que rechazaron el mensaje, y Pablo expresa: «Esta es la reacción de "los que se pierden"» (cp. 1 Co. 1:18). Cuando el apóstol usa esa expresión, su lenguaje es más impasible que afectivo. Utiliza tales palabras porque expresan el pensamiento que desea transmitir; lo que se pierde (según el significado en el diccionario del vocablo griego *apólumi* que se utiliza aquí) es aquello que se está haciendo incapaz de realizar su función prevista. Esa es la idea aquí: que los seres humanos que fueron creados para tener comunión con Dios se muestran incapaces de tenerla y confirman en sí mismos esa misma incapacidad por medio de su categórico rechazo al mensaje de la cruz.

> *Todos los seres humanos tenemos pecados que deben ser perdonados, y ninguno de nosotros puede eliminarlos por sus propios esfuerzos.*

Sin embargo, Pablo contrasta la reacción negativa de los que se pierden con la reacción positiva de aquellos a quienes describe como «los llamados» (1 Co. 1:24), «los que se salvan» (1 Co. 1:18). A ellos les dice: «El mensaje es la buena palabra de "Cristo poder de Dios, y sabiduría de Dios"» (cp. 1 Co. 1:24). El poder de Dios por parte del mensaje es que se proclame su resurrección y su reino, su poder en la regeneración de los pecadores, y su poder en el mundo es ver esto en su regreso. Y el mensaje de Cristo crucificado es un anuncio de la sabiduría de Dios, porque, según Pablo sigue diciendo en el versículo 30, el Cristo de Dios se convierte para nosotros los creyentes en

- *sabiduría*, que significa el camino hacia Dios;
- *justicia*, una apropiada justificación que solo la sabiduría divina pudo haber planeado;
- *santificación*, que en este versículo ciertamente significa una relación de pacto o un medio de relación de pacto con Dios, (significa eso, antes que cualquier otra cosa);
- y de allí la *redención*, para salvarnos del pecado.

Cristo se convierte para nosotros en todo eso en el sentido de que lo tenemos todo en Él. Pablo declara que esta es la sabiduría de Dios *por excelencia*, porque Dios en Cristo nos proporciona todo lo que necesitamos con el fin de disfrutar esa vida para la que fuimos creados y para la cual el pecado nos ha incapacitado.

Por tanto, Pablo en este pasaje, tan a menudo como en otras partes de sus escritos, señala la antítesis entre la fe y la incredulidad, entre la reacción al evangelio de aquellos que están vivos y a quienes en consecuencia les llega como un sabor de vida para vida, y aquellos que están espiritualmente muertos, a quienes por tanto el evangelio les llega con un sabor de muerte para muerte.

Antítesis del evangelio hoy

El punto que intento mostrar establece la perspectiva que exploraremos a lo largo de este libro, es decir, que *la antítesis continúa*. Continúa mientras el evangelio confronta al mundo moderno. Y continúa, por desgracia, mientras el evangelio confronta mucho de lo que ocurre en la iglesia moderna. Porque los descendientes espirituales de los judíos y los griegos de la época de Pablo han entrado en la iglesia moderna, al menos en principio y en sus formas de pensar. El movimiento que solía llamarse *liberalismo* o *modernismo,* y que ahora se le llama a menudo *radicalismo* en la teología cristiana, manifiesta el mismo orgullo mental.

Insisto en que aquí hablo del método intelectual del movimiento, más que de los motivos de los individuos particulares que los tienen atrapados. No me refiero a personas, sino a maneras de pensar. Sostengo que el movimiento manifiesta el mismo orgullo mental, el mismo escepticismo arbitrario, el mismo intelectualismo agresivo que vimos en los judíos y los griegos de la época de Pablo. Aun así, tenemos escépticos arbitrarios que creen que están en posición de decirnos que ciertas realidades no pueden ser, como la encarnación y la resurrección. A medida que avancemos, nos referiremos a ellos citando ese desafortunado libro, *The Myth of God Incarnate* (El mito del Dios encarnado), publicado por varios teólogos universitarios ingleses en 1977, el cual es solo una de las últimas expresiones de esta posición. Como podemos ver, su título lo dice todo en este aspecto.[1]

Los intelectuales buscan sabiduría

El intelectualismo agresivo se niega a tomar en serio el hecho de que Dios se ha revelado en la historia, e insiste en convertir a Jesucristo, tal como lo proclama el evangelio, en una idea, un mito, un símbolo, una memoria, una imagen, una influencia, que se niega a admitir que su posición es la de un Salvador divino y personal.

Aquellos cuyo pensamiento se encuentra dentro de la línea establecida por este movimiento están obligados, en consecuencia, a cambiar el mensaje cristiano para que deje de ser una invitación de un Salvador

---

1. El libro, editado por el teólogo y filósofo de la religión, John Hick (1922-2012), se publicó un año antes de las conferencias de Packer en Moore. Todos los contribuyentes eran profesores de Birmingham, Oxford o Cambridge.

vivo en los términos de Mateo 11:28-29: «Venid a mí todos los que estáis trabajados y cargados, y yo os haré descansar. Llevad mi yugo sobre vosotros, y aprended de mí, que soy manso y humilde de corazón; y hallaréis descanso para vuestras almas». Ya no pueden pensar en convertirse en cristianos en los términos en que Pablo explica en 1 Tesalonicenses 1:9-10, donde afirma que los tesalonicenses se convirtieron «de los ídolos a Dios, para servir al Dios vivo y verdadero, y esperar de los cielos a su Hijo, al cual resucitó de los muertos, a Jesús, quien nos libra de la ira venidera».

No, el evangelio de ellos es más una cuestión de: «Vengan a una influencia dentro de la iglesia», que de: «Vengan a un Salvador vivo y Señor poderoso». Ellos reelaboran la misión cristiana. Deben hacer esto de manera inevitable e ineludible, ya que no se trata tanto de la tarea de presentar a Jesucristo el Señor ante las personas de todo el mundo, sino que es una cuestión de ir a las demás religiones para enriquecerlas. Esa era la forma de concebir la misión cristiana en el siglo XIX. Así toman perspectivas del mundo del pensamiento cristiano para hacer del budismo un mejor budismo, del hinduismo un mejor hinduismo, etc.

Los liberales buscan necesidades

La contraparte de eso, a finales del siglo XX, es concebir de nuevo la misión en cuanto a *humanización*, saliendo para identificarse con las ambiciones, los deseos y las preocupaciones seculares de las naciones y ayudarlas a avanzar en sus anhelos de libertad política, estabilidad económica, etc. (Ya sabrás que en el Consejo Mundial de Iglesias se piensa mucho así). Y todo esto se opone a la predicación del Cristo crucificado, vivo y reinante por los siglos de los siglos.

Y el mensaje ya no se presenta en los términos en que Pablo se lo presentó al carcelero filipense: «Cree en el Señor Jesucristo, y serás salvo» (Hch. 16:31). Jesús, según este «evangelio», es un ejemplo y un recuerdo influyente en la Iglesia, mas no precisamente un Salvador vivo y un amigo aquí y ahora en tiempo presente. Y en la iglesia debemos librar constantemente el conflicto con el liberalismo, tal como debemos librar la buena batalla contra la incredulidad en el mundo.

Pues bien, esta es la situación en que se están ofreciendo mis conferencias. Lo que vamos a hacer juntos, con la ayuda de Dios, es reconsiderar y replantear el evangelio esencial, el evangelio bíblico, a la luz de algunas de estas tendencias modernas, a la luz de algunos de estos movimientos modernos de actualidad. Debemos buscar alternativas a las posiciones bíblicas; debemos considerar lo que se puede decir a favor de ellas y lo que se puede decir contra ellas. Espero que, por la gracia de Dios, podamos evitar que el evangelio quede cubierto de incredulidad en nuestras propias mentes y que nos preparemos para proclamar a otros el evangelio con mayor claridad.

Historia del evangelio

El resto de este capítulo estará dedicado a la primera de la serie de preguntas que exploraremos. ¿Qué clase de mensaje, qué tipo de buenas nuevas, qué clase de comunicación es el evangelio? ¿Qué tipo de instrucción es el mensaje de la cruz, la proclamación de Cristo crucificado?

Yo podría responder esa pregunta diciendo que proclamar es esencialmente declarar una serie de doctrinas. En realidad, ya he respondido la pregunta en forma impresa. Si consultas mi libro, *El evangelismo y la soberanía de Dios*, descubrirás que afirmo que la predicación del evangelio, el mensaje del evangelio, tiene que ver con cinco realidades, todas ellas temas de doctrina cristiana: (1) Dios y su santidad, (2) el hombre y su pecado, (3) Cristo, su cruz y su expiación, (4) la fe y el arrepentimiento, y (5) el Espíritu Santo y la nueva vida.[2]

Dicho de este modo, yo estaría respondiendo la pregunta diciendo que el evangelio es una ortodoxia. Y esa respuesta no sería falsa. ¿Qué son las doctrinas? Son síntesis de líneas de pensamiento bíblico con fines didácticos. La palabra latina *doctrina* significa enseñanza. Como

---

2. J. I. Packer, *El evangelismo y la soberanía de Dios* (Graham, NC: Publicaciones Faro de Gracia, 2019).

tales, las doctrinas son, por así decirlo, vallas alrededor de la realidad de Dios en acción. Los credos y las confesiones son igualmente vallas alrededor de la realidad de Dios en acción, y en eso consisten las doctrinas cristianas. Dentro de la zona delimitada por la valla, es necesario buscar, cavar, explorar, si se desea comprender la verdad.

Fuera de esa zona, todas las nociones que se encuentren no serán la verdad. Las doctrinas son necesarias para circunscribir la verdad. Dios, el propio maestro, nos da las doctrinas. Las doctrinas son necesarias en la iglesia porque Dios se las ha confiado: Dios mismo, por medio de sus mensajeros, nos ha enseñado la verdad. Por tanto, las doctrinas deben formularse y valorarse porque Dios mismo se ha convertido en nuestro maestro. Lo que está en la Biblia es doctrina, y así debe presentarse.

> *Dios mismo, por medio de sus mensajeros, nos ha enseñado la verdad. Por tanto, las doctrinas deben formularse y valorarse porque Dios mismo se ha convertido en nuestro maestro.*

Digo estas cosas para convencerte, si es que fuera necesario, que no estoy en ningún sentido en contra de las doctrinas. En Inglaterra me encuentro en muchos círculos como un pájaro extraño a causa de mi entusiasmo por las doctrinas. Sin embargo, lo que quiero decir aquí es que responder la pregunta: «¿Qué clase de mensaje es el evangelio?», diciendo: «El evangelio consta de doctrinas», sería una respuesta limitada porque las doctrinas como las recibimos, las preservamos y las exponemos, son defensivas y a menudo tan abstractas y estáticas como en la antigüedad. Debemos recordarnos que no nos salvamos ni llegamos a conocer a Dios simplemente por ser ortodoxos y capaces de recitar las doctrinas. En mi libro *Conocer a Dios,* hablo también con bombos y platillos al respecto. Expongo que hay una diferencia entre saber acerca de Dios y conocerlo. Saber *acerca de* Dios solo es el medio para conocerlo, así como saber *acerca de* una persona en este mundo es, por fortuna, el medio para entablar posteriormente una relación con ella basándose en la conciencia y la comprensión de quién y qué es.[3]

No deseo responder a la pregunta diciendo: «El evangelio es esencialmente una proclamación de doctrinas», por muy cierta que sea esta respuesta. Por ahora prefiero responder algo como esto: ¿Qué clase de comunicación es el evangelio? Respuesta: Es una historia. Es un relato contado acerca de Dios. En última instancia, ya que es un asunto de revelación, es una narración acerca de Dios que nos contó Él mismo. Resulta ser una historia en la cual Dios, por medio de su portavoz, testifica de sí mismo. El tema de la historia es precisamente el Dios vivo en acción: en este mundo, en el pasado, en el presente y en el futuro. Es la historia de lo que Dios ha hecho, está haciendo y hará.

Tenemos una historia que contar

Aquí observo que, en las Escrituras y también en lo que estoy diciendo ahora, la palabra *evangelio* es un vocablo acordeón, usado en ocasiones con un rango de significado más estrecho, como cuando el acordeón está cerrado, y que a veces se usa con un rango más amplio, como cuando el acordeón está abierto. Cristo crucificado es el meollo del asunto, sea que la palabra *evangelio* se use en el sentido más estrecho o el más amplio. En el sentido más estrecho, *evangelio* abarca el espacio cubierto por esas cinco doctrinas que acabo de mencionar, además de la obra que Dios ha hecho como Salvador de la humanidad en la cruz y la que realiza al llevar a los seres humanos a conocerlo ahora por medio de la fe, y la que realizará al guiarlos en esa vida que otorga el Espíritu Santo.

Sin embargo, en el sentido más amplio que también tiene en las Escrituras, la palabra *evangelio* significa nada menos que la totalidad del consejo de Dios, todo ese plan divino que comenzó en la eternidad

---

3. J. I. Packer, *Conocer a Dios* (Medellín, Colombia: Poiema Publicaciones, 2023).

y que solo se completará en la eternidad. Desde la eternidad hasta la eternidad, el plan de salvación no se completará hasta que la Iglesia sea perfecta en gloria.

Ahora estoy usando la palabra *evangelio* en el sentido más amplio, y no en el más estrecho, con un precedente bíblico para lo que estoy haciendo. El evangelio, según afirmo, es esencialmente una historia, una narración acerca de Dios.

Podemos descubrir en nuestros himnos esta forma de ver la situación. Los himnos nos llevan una y otra vez al corazón del cristianismo. Podrías creer que el himno misionero, que estoy a punto de citar, es ingenuo en algunos aspectos; no obstante, a mi modo de ver, creo que aclara este asunto de manera admirable. Se trata del himno que proporcionó el título para este capítulo:

> Una historia diremos al mundo
> que convertirá el corazón,
> historia de paz y ternura,
> historia de redención, historia de redención.
>
> Un mensaje daremos al mundo
> que rescata de todo error;
> es Cristo, el ejemplo viviente,
> el único Salvador, el único Salvador.[4]

O también, con la misma ingenuidad, pero con igual verdad, podemos apreciar el himno infantil:

> Dime la antigua historia
> del celestial favor,
> de Cristo y de su gloria,
> de Cristo y de su amor…

---

4. H. Ernest Nichol, «Una historia diremos al mundo», 1896, publicado en http://hymnary.org/text/una_historia_diremos_al_mundo (himno 251), página consultada el 6 de enero de 2024.

Dime esa grata historia
con lentitud; y así
conoceré la obra
que Cristo hizo por mí…

Dime esa historia siempre,
si en tiempo de aflicción
deseas a mi alma
traer consolación.[5]

La historia… sí, exactamente. Los himnos son correctos. Puedes obtener el mismo mensaje de parte de los teólogos. Tomemos como ejemplo al finado Karl Barth. En la década de 1920, él ya insistía en que su propósito como teólogo era enfocarse en los puntos sencillos de la verdad cristiana. En 1962, en su última gira por los Estados Unidos, un sabelotodo estadounidense le preguntó cuál era el pensamiento más profundo que había tenido. Barth respondió citando el himno infantil «Cristo me ama, bien lo sé».[6]

El centro de la historia

Pablo escribió Romanos como su genial, elaborada y completa exposición del evangelio. Y la inició casi de forma ceremonial, con una gran frase solemne que anuncia el tema de la epístola. La frase dice así:

Pablo, siervo de Jesucristo, llamado a ser apóstol, apartado para el evangelio de Dios, que él había prometido antes por sus profetas en las santas Escrituras, acerca de su Hijo, nuestro Señor Jesucristo, que era del linaje de David según la carne, que fue declarado Hijo de Dios con poder, según el

---

5. Katherine Hankey, «Dime la antigua historia», 1866, publicado en https://www.himnos-cristianos.com/himno/dime-la-antigua-historia/, página consultada el 6 de enero de 2024.

6. Anna Bartlett Warner, «Jesus Loves Me» («Cristo me ama, bien lo sé»), 1959.

> Espíritu de santidad, por la resurrección de entre los muertos,
> y por quien recibimos la gracia y el apostolado... (Ro. 1:1-5).

No hace falta seguir leyendo. Puedes ver lo que Pablo está anunciando: el evangelio, las buenas nuevas acerca del Hijo, un personaje histórico descendiente de David según la carne, que resucitó de los muertos: Jesucristo el Señor. Esto es historia. Es el relato de lo que Dios ha hecho.

También se relaciona esto con los primeros versículos de 1 Corintios 15, donde Pablo recuerda lo básico a los corintios, diciendo:

> Además os declaro, hermanos, el evangelio que os he predicado, el cual también recibisteis, en el cual también perseveráis; por el cual asimismo, si retenéis la palabra que os he predicado, sois salvos, si no creísteis en vano. Porque primeramente os he enseñado lo que asimismo recibí: Que Cristo murió por nuestros pecados, conforme a las Escrituras; y que fue sepultado, y que resucitó al tercer día, conforme a las Escrituras; y que apareció... (1 Co. 15:1-5).

Una vez más, tenemos que declarar: Esto es el relato. Es narrativa. Es historia. Es una proclamación de lo que Dios ha hecho. No es necesario que te recuerde que, en Romanos, Pablo pasa de lo que Dios ha *hecho* a lo que *está haciendo* al dar vida a aquellos que ponen su fe en Cristo, y a lo que Dios *hará* para perfeccionar a la Iglesia. ¿Recuerdas cómo Romanos 11 describe esa gloriosa visión de la Iglesia finalmente completa: judíos y gentiles juntos en un solo cuerpo, y Dios el todo en todos? De igual manera, en 1 Corintios 15, Pablo pasa de mirar *atrás* a la muerte y resurrección de Jesús, al *presente*, al perdón de pecados que obtienen aquellos que creen en la resurrección, y al *futuro*, la esperanza cristiana de resucitar algún día cuando la trompeta suene y los muertos resuciten. Este es el evangelio, la declaración, la historia de la obra de Dios: pasado, presente y futuro.

En 1936, al estudiar los sermones del Libro de los Hechos, C. H. Dodd descubrió que la predicación apostólica, el *kerigma* característico, se repetía vez tras vez a medida que los hombres proclamaban el cumplimiento de la profecía en la vida, muerte y resurrección, el reinado presente y el regreso futuro, del Señor Jesucristo.[7]

Sí, a todo lo largo del Nuevo Testamento se declara al evangelio como historia. No demos vueltas alrededor de esta palabra *historia* como lamentablemente hacen muchos eruditos hoy día. Cuando hablo de historia me refiero al continuo espacio-tiempo en que te encuentras en este mismo instante en que lees este libro, y que ha sido continuo desde la fundación del mundo. La historia es el escenario público de ese continuo espacio-tiempo y de los acontecimientos de los que estamos hablando, que el Nuevo Testamento registra que tuvieron lugar dentro de ese continuo espacio-tiempo. La naturaleza de este relato se puede caracterizar diciendo, en principio: Si pudiéramos retroceder a la época del viajero del tiempo de H. G. Wells en *La máquina del tiempo* o hasta el moderno Doctor Who en su cabina policial, podríamos en principio estar con los que escucharon la predicación de Jesús en Galilea hace mucho tiempo, con aquellos que lo vieron morir en la cruz y con las mujeres y los discípulos en la tumba vacía al tercer día. Estas cosas sucedieron. Y, en principio, si pudiéramos retroceder en el tiempo, habríamos podido participar de los acontecimientos. Podríamos haber presenciado lo que otros en verdad atestiguaron.

> *El evangelio es historia… es la narración de lo que Dios ha hecho en el continuo espacio-tiempo, y sigue haciendo y hará hasta que la historia llegue a su fin.*

---

7. C. H. Dodd, *La predicación apostólica y sus desarrollos*, (Madrid, España, Ediciones Fax, 1974).

Es en este sentido simple, directo y básico que afirmamos que estos hechos proclamados en el evangelio son historia. Porque los mismos apóstoles así los consideraron claramente y sin ambigüedades. El evangelio es historia. Lo es. Y es la narración de lo que Dios ha hecho en el continuo espacio-tiempo, y sigue haciendo y hará hasta que la historia llegue a su fin.

Una historia con muchos aspectos

La Biblia narra este relato destacando los cambios en varios temas clave, que en diferentes lugares de las Escrituras se convierten en puntos fundamentales para la narración de la historia. Podríamos afirmar que el evangelio es como una cuerda formada por una cantidad de hebras entrelazadas, y cada una de estas diferentes presentaciones del evangelio es solo una de tales hebras. Pero el evangelio no estará en su plenitud ante nosotros hasta que todas las hebras se hayan entretejido y la cuerda entera se haya formado.

Historia del reino de Dios

Podrías preguntar: ¿Cuáles son las hebras separadas? Bueno, primero puedes contar la historia como el relato del reino de Dios: cómo Él manifestó su reinado inmutable (su soberanía mundial) al llevar a ese mundo, tras la rebelión inicial del hombre, a someterse de nuevo al gobierno divino y al disfrute real de la misericordia salvadora: el regalo de vida eterna que llegan a conocer aquellos que se someten al gobierno de Dios.

La historia empieza con la rebelión del ser humano y la consecuente pérdida de la vida espiritual en el huerto de Edén. Continúa mostrando cómo Dios se hizo Rey, primero sobre su propio pueblo Israel. Narra cómo estableció una monarquía que gobernara en su lugar sobre su pueblo, cómo por medio de los profetas estableció en las mentes de su pueblo la esperanza de un Rey superior: un Hijo de David que sería el Señor de David, que más tarde habría de venir. Muestra también cómo su Hijo vino al mundo para ser ese Rey: Jesús, el Cristo. Nos cuenta cómo después de su crucifixión y resurrección, se convirtió en Rey, reinando en el cielo a la diestra del Padre, y cómo un día vendrá en su reino para establecer finalmente, de manera pública y abierta, ese dominio que ya le pertenece, aunque la mayor parte de los seres humanos no lo reconozcan.

Esta es la historia del reino de Dios y de Jesucristo el Rey en ese reino. A fin de explicar este aspecto del mensaje bíblico, prestaremos atención especial a los libros de historia de las Escrituras, todo el Antiguo Testamento, a muchos pasajes mesiánicos en el relato del Antiguo Testamento y, en particular, a los tres primeros Evangelios en el Nuevo Testamento, todos los cuales se centran en este tema.

Historia del pueblo de Dios

En segundo lugar, se puede contar la historia del evangelio en términos del tema del pueblo de Dios. Él está cumpliendo su propósito de crear un pueblo que vivirá en comunión con Él mismo: lo adorarán, testificarán de Él, lo glorificarán y lo disfrutarán ahora y siempre. Esta historia empieza en la eternidad con los tres que son uno resolviendo tener a la humanidad en comunión con ellos, y luego en el escenario del tiempo la historia sigue contándonos cómo Dios escogió a Abram y su simiente para que fueran su pueblo. La historia nos narra cómo sacó de Egipto a la familia de Abram y en el desierto la hizo su pueblo por pacto, y cómo estableció la adoración (el modelo del sacerdocio y el sacrificio) para asegurar que la comunión entre ellos siempre fuera una realidad vivida y que nada la obstruyera.

La historia seguiría relatando cómo Dios enseñó a Israel a vivir en comunión con Él. Continuó hasta Jesucristo, el verdadero Israel, la simiente de Abraham y su propia persona, en quien Israel se reconstituye. La historia seguiría mostrando cómo la Iglesia en el Nuevo Testamento, en realidad, surge como el nuevo Israel en Jesucristo. Y el relato terminaría explicando la naturaleza de la nueva comunidad que Dios, por su gracia, ha creado: la Iglesia como el pueblo de Dios, la Iglesia como el Cuerpo de Cristo y la Iglesia como la comunidad del

Espíritu. La Iglesia es la tercera comunidad humana en este mundo, la sociedad internacional con vida celestial. La Iglesia es la compañía de aquellos que hoy día conocen el perdón de sus pecados, la comunión con Dios por gracia mediante la fe y la vida eterna.

A fin de narrar la historia en esta forma, debemos recurrir sobre todo a Éxodo, Deuteronomio y Oseas en el Antiguo Testamento, y a libros como Gálatas, Efesios y Apocalipsis en el Nuevo Testamento.

Historia de la mediación de Dios

En relación con la historia general de la creación de un pueblo por parte de Dios, debemos contar, quizás como parte de ella o como un tema aparte, la tercera hebra en el relato del evangelio: la historia de la mediación, es decir, el relato de la obra especial de Dios en cuanto a la gracia para crear comunión entre los pecadores y Él mismo.

Debemos contar la historia de cómo Dios estableció primero un sacerdocio y un sistema de sacrificios típicos, y un lugar de acceso a fin de enseñar a su pueblo que había una necesidad de mediación. Debemos contar cómo el modelo de mediación llegó finalmente a cumplirse en Jesucristo, quien es a la vez nuestro gran Sumo Sacerdote y el único sacrificio perfecto por los pecados de todo el pueblo de Dios, por los siglos de los siglos. Debemos hablar de Jesús, quien por su sacrificio sustituyó a aquel tabernáculo, seguido por el templo en Jerusalén, el lugar particular en que los hombres debían adorar a Dios. La situación, el estado de las cosas, es tal que cualquier individuo, en cualquier momento, puede invocar a Dios por medio de Jesucristo, y hallarse en la presencia de Cristo con su mediación eficaz. Debemos relatar cómo Jesús los acerca a Dios Padre y los mantiene en su comunión. Esta es la historia de la mediación.

El modelo se explica en Éxodo y Levítico, y la realidad se manifiesta en el Evangelio de Juan, en Gálatas, en Romanos y sobre todo en Hebreos, donde se nos muestra cómo Jesús cumple en su propia persona y por medio de su sacrificio este modelo, esta imagen de la mediación. Así que esta tercera hebra en la historia del evangelio es la iniciativa de Dios en la mediación, mediante la cual atrae a los pecadores a la comunión consigo mismo.

Historia del triunfo de Dios

Una cuarta hebra en la historia del evangelio es el tema de la renovación, tanto del mundo como de una creación desordenada. La creación está moralmente desordenada por la insurrección de Satanás y la consecuente revuelta de los seres humanos, y está cósmicamente desordenada, como lo indica Pablo sin entrar en detalles a la mitad de Romanos 8. Pero el desorden no ha venido para quedarse. Esta corriente del mensaje del evangelio proclama que Satanás y sus seguidores, tanto angelicales como humanos, están condenados.

> *Satanás es un enemigo derrotado. Será juzgado, igual que los que se pongan de su lado.*

Su revuelta no puede durar para siempre. Satanás es un enemigo derrotado. Será juzgado, igual que los que se pongan de su lado. Por el contrario, aquellos que ponen su fe en Dios por medio de Cristo ya se están renovando por dentro en su corazón, espíritu y carácter. Un día serán renovados externamente y recibirán cuerpos que sean compatibles con la resurrección. En ese día, todo el cosmos será renovado. Habrá un cielo nuevo y una tierra nueva, y la gloria de Dios se mostrará en forma definitiva y plena en todo el universo, como las aguas cubren el mar.

Esta forma de contar la historia del evangelio es una proclamación de la victoria divina, por etapas, sobre el pecado y el desorden que el pecado ha creado. Para narrar la historia del evangelio en esta forma, los pasajes de especial relevancia son Génesis 3, Romanos 8, gran parte de Isaías, 2 Pedro 3, gran parte del Apocalipsis, etc.

Historia de Dios el Padre glorificando a su Hijo

En quinto lugar, puedes contar la historia como el relato de la glorificación del Hijo de Dios. Puedes anunciarla y presentarla en función del propósito del Padre para honrar y dar a conocer a su Hijo como cocreador, Redentor, cabeza de la Iglesia, fuente de vida para los pecadores, Señor actual del mundo y Rey venidero, y como Aquel a quien los seres humanos deberán adorar y honrar como honran al Padre. Visto desde este punto de vista, el evangelio se convierte en una invitación a inclinarse y adorar a Jesucristo. Los pasajes de las Escrituras especialmente importantes para contar la historia de esta manera son el Evangelio de Juan, la Epístola a los Colosenses y nuevamente gran parte del libro de Apocalipsis.

Historia de la imagen de Dios

En sexto lugar, se puede contar la historia como la proclamación del perfeccionamiento del ser humano a la imagen de Dios. Se puede narrar la historia en función del individuo, del problema que plantea y que se presenta a sí mismo, y en cuanto a la solución que Dios, el Dios que lo creó, proporciona para ese problema. ¿Quién soy? ¿Por qué estoy aquí? ¿De dónde vine? ¿A dónde voy?

La respuesta de Dios, revelada en el evangelio, es que todo ser humano fue creado para ser semejante a Dios. Cada uno fue hecho para vivir a imagen de Dios y en comunión con Dios. Creo que la teología bíblica nos enseña a ver la imagen de Dios como destino, no menos que como legado. Fue tanto lo uno como lo otro.

En cuanto a la imagen como legado, en Génesis 1 vemos al hombre creado a imagen de Dios. La imagen consta de racionalidad (capacidad para hacer planes y llevarlos a cabo), creatividad, dominio y conocimiento tanto espiritual y de la realidad divina como de la justicia y la santidad. Creo que puedo probar todo esto en Génesis 1. Sin duda constituye exégesis y teología correctas entender la imagen de Dios en Génesis 1, ante todo, en cuanto a la presentación de Dios en Génesis 1, y en ese mismo capítulo entender que la racionalidad, la creatividad, el dominio, el conocimiento y la santidad son las cualidades que Dios muestra en Génesis 1.

Pero el destino del ser humano era vivir en tal forma que mostrara la semejanza de Dios en cada momento, en cada actividad y durante toda su vida. En ese sentido, la semejanza con Dios era el destino de la humanidad. Por supuesto, Adán cayó y su destino no se cumplió. Pero el Nuevo Testamento retoma el tema y proclama que la imagen de Dios se restaura en Cristo mediante la unión con Él. La unión con Cristo es otro de los grandes temas del evangelio. Pablo habla en Efesios 4:24 del evangelio como una invitación a revestirnos del hombre nuevo, creado «en la justicia y santidad de la verdad», la imagen de Dios, podríamos decir, porque eso es lo que significa semejanza. El ser humano fue creado a la imagen de Dios en verdadera «justicia y santidad». De igual manera, Colosenses 3:10 habla de que los cristianos se han «revestido del nuevo [hombre, que] se va renovando hasta el conocimiento pleno» de Dios y todo lo que eso implica «conforme a la imagen del que lo creó».

Todo lo que el Nuevo Testamento tiene que decir acerca del regalo de Dios para el hombre en Cristo, acerca de la santidad que exige, es en verdad parte del tema de restaurar en el individuo la imagen de Dios como su destino. Esta es otra hebra más en la historia del evangelio, otra manera más de contar la historia del evangelio.

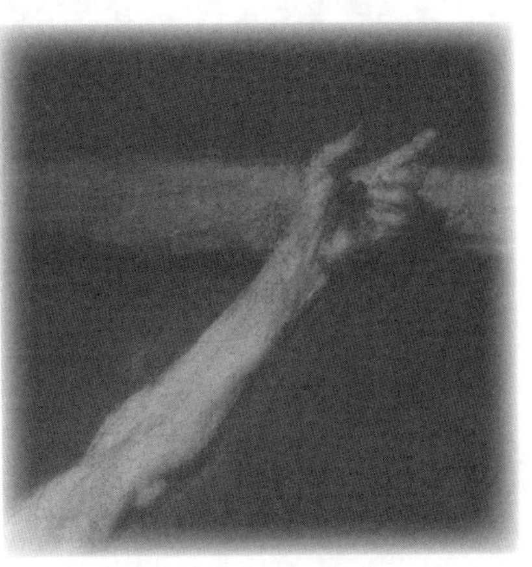

2

Cristo Jesús, el hombre

La humanidad de Jesucristo

JESÚS, LLAMADO EL CRISTO, fue un judío galileo crucificado probablemente en el año 30 d.C. Según se indicó en el capítulo 1 de esta obra, el hecho de que Él no fuera un personaje mítico, sino histórico y ciertamente un hombre, es algo que nadie ha puesto en duda incluso desde el docetismo del siglo I, que creía que Jesús era una teofanía, aparte de un minúsculo grupo de eruditos, p. ej., Arthur Drews, *El mito de Jesús* (1988) y G. A. Wells, *¿Existió Jesús realmente?* (2008), quienes creían que Él nunca existió.

¿Qué clase de hombre es Jesús?

La pregunta es apremiante: ¿Fue Él la clase de hombre que el Nuevo Testamento, tanto los Evangelios como las Epístolas, en particular Pablo en Colosenses y Hebreos 1, nos informan que era? En otras palabras, ¿fue un hombre cuya verdadera identidad era la de ser el Hijo eterno de Dios? ¿O fue el verdadero Jesús una persona que no se debería describir en tales términos? Esa es una inquietud planteada en la actualidad por algunas personas en la iglesia cristiana. Podríamos haber esperado que la plantearan personas de fuera. Es un poco más sorprendente cuando se plantea desde dentro, y es algo que debemos enfrentar.

En primer lugar, deseo hacer un comentario sobre la naturaleza de los Evangelios, donde se nos presenta la persona de Jesús, el hombre, y lo vemos caminar de un lado a otro, lo oímos hablar y lo observamos actuar.

En segundo lugar, voy a ofrecer un resumen muy breve e inadecuado de la fe neotestamentaria relacionada con la persona y el lugar de Jesús, el hombre.

En tercer lugar, ofreceré un repaso de lo que se llama cristología humanista, es decir, la visión alternativa de la persona de Cristo que ofrecen aquellos que dudan de la conveniencia de llamarlo Hijo de Dios. Hablan de Él, de este hombre, a lo sumo, como un individuo singularmente lleno del Espíritu, un hombre profético, alguien notable y sobresaliente, pero una vez dicho eso, ellos consideran que se ha expresado todo. Han reducido en forma eficaz la encarnación del Hijo de Dios a un caso especial de la morada del Espíritu en una persona, solo eso. Revisaremos la cristología humanista y veremos cómo funciona.

En cuarto lugar, para concluir, ofreceré una presentación de la humanidad de Jesús tal como la expone Hebreos, donde me parece que se plantea una serie de puntos de crucial relevancia para nuestra instrucción.

1. Naturaleza de los Evangelios

Me sumerjo de lleno en mi comentario inicial sobre la naturaleza de los Evangelios que nos presentan a este hombre. En general, el Nuevo Testamento es una confesión de fe escrita por creyentes en Jesús para creyentes en Jesús. En particular, los cuatro Evangelios fueron escritos por hombres que tuvieron la fe de las Epístolas con relación a Jesús, para ayudar a otros a entrar más profundamente en la fe de las Epístolas con relación a Jesús. Esa es una tesis que no creo que pueda contradecirse. El evangelio, en el sentido que Mateo, Marcos, Lucas y Juan son Evangelios, fue una nueva forma literaria que no correspondía con nada que había existido antes. Se llamó así claramente debido a que la selección de narrativas de las palabras y de los hechos de Jesús (que cada escritor presentó en el transcurso de su libro, y luego la elaborada historia de la pasión a la que conducían las narrativas introductorias) fueron presentaciones cuidadosamente calculadas de las buenas nuevas. La intención era que estos relatos, tomados en conjunto y en sentido natural, presentaran el evangelio de Jesús. Y debido a que los cuatro escritores creían que eso era lo que sus relatos constituían, llamaron a sus obras «los Evangelios».

Esto es en realidad muy evidente en el Evangelio de Juan, que comienza con un prólogo didáctico. Presenta comentarios interpretativos de parte del apóstol en muchos puntos clave de la historia a medida que esta avanza y, por supuesto, contiene elaborados discursos doctrinales como parte del Evangelio, discursos en que todos estos aspectos los dejan muy claro los labios de nuestro Señor mismo. Por tanto, lo que tenemos en Juan es lo que podríamos llamar una narración a la antigua usanza, en la cual el autor se esmera por ver que la enseñanza de su relato, el significado de la historia que está narrando, quede muy claro.

El Nuevo Testamento es una confesión de fe escrita por creyentes en Jesús para creyentes en Jesús.

Por el contrario, los sinópticos (Mateo, Marcos y Lucas) narran su historia en lo que podríamos llamar la manera moderna. Lo hacen sin comentarios; esperan y en realidad planean influir en el lector simplemente por la disposición del material y por la construcción de la trama a medida que se desarrolla la narración. Estos tres primeros Evangelios están lo más lejos posible de ser recuerdos ingenuos, como insistían los críticos de hace dos generaciones. No, en realidad se trata de documentos teológicos minuciosamente elaborados, en los que todos los detalles de la narración se han formado y enfocado con cuidado, a fin de llamar la atención del lector en la presentación particular del evangelio que es Jesús, o mejor dicho, la presentación particular de Jesús como el evangelio que interesa a cada escritor. Mateo lo presenta como el Rey Salvador. Marcos lo presenta como el Siervo de Dios que hace expiación. Lucas lo presenta como el hombre perfecto que también es el perfecto y último profeta de Dios. Y Juan narra la historia en su modo más antiguo, rematándola con la presentación de Jesús como el Hijo encarnado de Dios.

El reconocimiento por parte de los eruditos de que cada uno de los evangelistas tenía su propio propósito especial, y que moldeaba, seleccionaba y orientaba sus narraciones a ese fin, ha producido una nueva técnica crítica que han agregado a la crítica de las fuentes y la crítica de las formas, dos técnicas que han estado usando durante muchas lunas en su estudio de los Evangelios. La nueva técnica se llama *crítica de la redacción*. Ha salido a la luz en los últimos veinte años. Es precisamente el estudio, hasta donde los Evangelios permiten discernirlo, de cómo cada evangelista ordenó, dio forma y seleccionó la narración de la historia, para transmitir su propio mensaje particular.

Es una triste realidad que, así como las críticas de las fuentes y de las formas se han puesto a la orden del escepticismo, es decir, al servicio de la suposición de que en el curso de la transmisión se han falsificado, olvidado y luego reconstruido de manera fantasiosa los hechos relacionados con Jesús en tal forma que pone los relatos en desacuerdo con lo sucedido realmente, de igual manera la crítica de la redacción se ha puesto a la orden del escepticismo. Los libros escritos por los críticos de la redacción han explorado seriamente, desde todos los ángulos, la inquietud de hasta qué punto los evangelistas se sintieron libres para tergiversar las tradiciones y falsificar los hechos con el fin de imponer sus propias ideas teológicas.

En realidad, no hay ninguna buena razón para creer que esto es lo que los evangelistas hicieron. Yo mismo como escritor de libros me atrevo a afirmar que parte de la responsabilidad de todo autor es presentar los hechos que selecciona de tal modo que su significado, o al menos lo que considera su significado, lo entiendan los lectores con la mayor claridad.

La crítica de la redacción es el estudio de cómo los evangelistas cumplieron con la responsabilidad autorial. Sin embargo, ¿es compatible esa responsabilidad con la falsificación de los hechos para demostrar algo? No se piensa así hoy día.

No existe ninguna razón para creer que así se pensaba en el siglo I d.C. No obstante, ¿hay alguna razón para creer que los evangelistas se esforzaron por ser fieles en el testimonio que dieron del Jesús histórico? Sí, en realidad la hay. Al final del Evangelio de Juan y al principio del Evangelio de Lucas, hay afirmaciones y declaraciones de que los hechos que se describen en estos libros pueden tomarse exactamente como verdaderos, ya que se basan en el conocimiento y el testimonio fiel. Y hasta que ese enfoque y esa convicción resulten más bien imposibles de aceptar, como estudiantes racionales debemos aceptarlos como nuestra hipótesis operativa.

Eso no significa que deba descartarse la preocupación que tienen los críticos de la redacción por explorar las maneras precisas en que los evangelistas han dado forma a sus relatos con el fin de que puedan comprenderse mejor. En realidad, no; es muy útil aplicarlas en el estudio de los Evangelios. Yo he sido un crítico de la redacción desde antes que se inventara esta crítica. Quiero decir, desde la época anterior a la existencia del término. Ahora descubro que ya en 1949 yo era un crítico de la redacción, cuando escuché a un erudito neotestamentario leer una ponencia ante una sociedad científica. Allí intentó explicar a Lucas y el relato de la pasión totalmente en una hipótesis de cortar y pegar sobre lo que Lucas estaba haciendo con sus fuentes.

Durante el análisis, me aventuré a sugerir que la estructura de la historia como la teníamos podría deberse, más bien, al énfasis teológico particular que Lucas veía en la narración y quería que sus lectores captaran de ella. He aquí que al día siguiente recibí la visita del finado profesor R. H. Lightfoot, quien había estado presente en la reunión y que había comenzado a explorar esta línea de pensamiento, ahora llamada crítica de la redacción, ya en 1936. Para mi total asombro, me habló como si yo prácticamente fuera un profeta, porque en realidad yo había estado hablando en el mismo sentido de su propio estudio.

Por supuesto, esto se ha vuelto conocido para todos los estudiantes evangélicos de la Biblia. Al darle una atención al texto, sabemos simplemente que cada evangelista tuvo su propia perspectiva y su propio énfasis, y seleccionó y dispuso su material para resaltar su propia intención. En realidad, no hay absolutamente nada nuevo para nosotros en este punto. ¿Por qué entonces estoy poniendo tanto hincapié aquí en eso? Bueno, simplemente con el fin de proporcionarme una base para afirmar esto: al leer los Evangelios como presentaciones del mensaje, encontramos que en el caso de todos los cuatro, el propósito del narrador es el que de manera exacta y explícita declara Juan 20:31, donde el apóstol asegura que estas cosas «se han escrito para que creáis que Jesús [el hombre] es el Cristo, el Hijo de Dios, y para que creyendo, tengáis vida en su nombre». Una revisión demuestra que esto está en total consonancia con el evangelio, el mensaje cristológico de todo el resto del Nuevo Testamento.

2. Jesús en el Nuevo Testamento

Sin embargo, es muy sorprendente ver cómo los diversos libros del Nuevo Testamento (y ahora estoy pensando más en las Epístolas que en los Evangelios, que son simplemente relatos) utilizan muchos conceptos diferentes, muchas maneras distintas de expresar la verdad, pero aun así todos convergen en el mismo punto, precisamente el que plantean estas palabras que acabo de citar de Juan. Jesús es el Cristo, el Hijo de Dios, y estas cosas «se han escrito para que creáis que Jesús es el Cristo, el Hijo de Dios, y para que creyendo, tengáis vida en su nombre».

Esto me lleva a lo segundo que afirmé que yo haría. Deseo ofrecerte, tan claramente como me sea posible, un resumen de la fe del Nuevo Testamento en su totalidad, relacionada con la persona y el lugar de Cristo Jesús, el hombre. Soy muy consciente de que aquí debo simplificar demasiado. Estoy muy consciente de estar haciendo poco más que una caricatura, omitiendo de mi imagen muchos detalles secundarios y resaltando, quizás exagerando, los puntos clave simplemente para enfatizarlos. Eso es lo que hacen los caricaturistas. Pero si crees que las caricaturas son una forma válida de arte, quizás me tengas paciencia con la siguiente sección, ya que en mi estilo sencillo artístico resumo la fe del Nuevo Testamento relacionada con la persona y el lugar de Jesús.

En esencia, me parece que la enseñanza del Nuevo Testamento sobre la persona de Jesús se reduce a estos cuatro puntos:

a. Jesús es el Mesías

Jesús de Nazaret es el Cristo prometido de Dios, el Mesías largamente anunciado. La palabra griega *christós* representa al hebreo *mashíaj*. El Mesías no es, desde luego, un apellido como Dumbrell, Packer o Knox. Es algo mucho más significativo que eso. Es un título oficial, como dirían nuestros amigos presbiterianos. Significa literalmente «el Ungido». Designa al Salvador-Rey prometido de Dios. La convicción cristiana fundamental, que se refleja en todo el Nuevo Testamento, es que el rabino galileo que fue crucificado y que resucitó de entre los muertos es el Cristo, el Mesías largamente profetizado de Dios.

La revelación de Jesús como el Cristo (la demostración de ello, se podría afirmar) es el argumento de los Evangelios sinópticos. Su anuncio es el tema principal de los sermones en el Libro de los Hechos. El esclarecimiento de esa revelación es uno de los temas principales de las Epístolas.

De hecho, el cumplimiento del ministerio terrenal del Mesías hasta en su muerte y su resurrección, frente a una hostilidad

> *La convicción cristiana fundamental… es que el rabino galileo que fue crucificado y que resucitó de entre los muertos es el Cristo, el Mesías largamente profetizado de Dios.*

incomprensible, es el argumento de todos los cuatro Evangelios. Que el misterioso título que Jesús se adjudicó para sí mismo, *Hijo del Hombre*, e igualmente el título *Señor*, que se dio desde Pentecostés en adelante, son títulos que apunten primero a la realidad de su gobierno mesiánico es algo que hoy día se acepta de modo general en el mundo académico.

No es que el concepto de mesianismo de Jesús correspondiera con las expectativas judías. La noción que Él mostró del mesianismo reflejó su punto de vista del reino escatológico de Dios, que predicó como una realidad instituida por su propio ministerio. Él vio ese reino de una manera en que ningún otro maestro judío anterior había visto, es decir, como una nueva relación entre pecadores penitentes y Dios como su Padre celestial, una relación que se lograba mediante el compromiso con Cristo mismo en la fe como su Salvador soberano. Jesús vio que su propio señorío en el reino se basaba en su llamado a ser el Siervo Sufriente de Dios, el inocente que tras morir por los pecados de otros es luego reivindicado al restaurársele la vida según Isaías 53.

Calvino resumió bien la idea que Jesús tenía de su propio mesianismo, y con ella la visión general neotestamentaria del papel del Mesías, cuando habló de Jesús como el cumplimiento del triple oficio para el que los hombres eran ungidos en el Antiguo Testamento: el oficio más específicamente de *profeta*, portador de los mensajes de Dios; *sacerdote,* quien ofrecía los sacrificios a Dios; y *rey,* gobernante del pueblo de Dios. Y Jesús cumplió todas esas tres funciones como un oficio integral en su propio ministerio personal, en su vida y en su reinado resucitado.

La proclamación de Jesús de Nazaret como el Cristo encierra una afirmación que está en el núcleo del cristianismo: Jesús, el varón de Galilea, es central y básico para una verdadera compresión de la historia. Según la profecía del Antiguo Testamento, el Mesías de Dios —el hijo de David, cuyo reino es aún más grande que el de David— gobierna un reino que es el centro y corazón de la historia mundial, le da significado supremo y sentido a todo lo demás.. Y el

Nuevo Testamento testifica unánimemente que esto se ha convertido en una realidad con la venida de Jesús de Nazaret.

Por tanto, esta es la primera hebra en la fe del Nuevo Testamento que gira alrededor de la persona y el lugar de Jesús. Jesús de Nazaret es el Cristo, y esto es lo que significa su condición mesiánica. Y luego un segundo pensamiento: Jesús de Nazaret, afirma el Nuevo Testamento, es el Hijo unigénito de Dios.

b. Jesús es el Hijo de Dios

Es cierto que hay lugares en los tres primeros Evangelios, y también en Hechos, donde el Hijo de Dios puede no ser más que un título honorífico para el Mesías, modelado en Salmos 2:7 y siguientes, donde recordarás que Dios declara (y esto originalmente se dijo, al parecer, al rey de Israel): «Mi hijo eres tú; yo te engendré hoy». Pero es cierto que en las Epístolas y en el Evangelio de Juan, «Hijo de Dios» significa una relación única de solidaridad con el Padre, una relación que implica tanto una función reveladora como también una participación en la obra del Padre de crear, sustentar, reconciliar, gobernar y renovar el mundo.

Respecto a la función reveladora de Jesús el Hijo de Dios, pensemos en Juan 1:18: «A Dios nadie le vio jamás; el unigénito Hijo, que está en el seno del Padre, él le ha dado a conocer». Eso es lo que el verbo griego expresa literalmente, el pensamiento de que Jesús nos ofrece una exégesis. El Hijo ha ofrecido una *exégesis* del Padre. El unigénito Hijo ha dado explicaciones de Él.

En cuanto a la participación de Jesús en la obra de creación y redención del Padre, pensemos en la primera frase de Hebreos: El Hijo, en y por medio del cual Dios nos ha hablado ahora, siendo el resplandor de la gloria divina, la expresión exacta de la naturaleza de Dios y por quien asimismo hizo el universo, tras haber eliminado en sí mismo nuestros pecados, se sentó a la diestra de la majestad en lo alto (cp. He. 1:1-3). Hay solidaridad en la obra de la creación y la redención.

Sin duda, hay lugares en los tres primeros Evangelios en que es muy claro el testimonio de Jesús en cuanto a su conocimiento de su propia y única identidad filial en relación con el Padre. Por ejemplo, en un solo texto entre muchos, Él declara: «Todas las cosas me fueron entregadas por mi Padre; y nadie conoce al Hijo, sino el Padre, ni al Padre conoce alguno, sino el Hijo, y aquel a quien el Hijo lo quiera revelar» (Mt. 11:27; Lc. 10:22). Jesús mismo se ve como el Hijo, el único de su clase. Y por supuesto, la evidencia de la voz del cielo, escuchada en el bautismo y en la transfiguración, dio el mismo testimonio: «Este es mi Hijo amado» (Mt. 3:17; 17:5). La lexicografía de la palabra traducida *amado* sugiere exclusividad como parte del significado.

Ciertamente, las distinciones personales dentro de la unidad de la Divinidad constituyen quizás la noción más difícil alrededor de la cual se le ha pedido a la mente humana que se ajuste, y la idea nunca se conceptualizó en forma adecuada hasta el siglo IV. Pero la fe en que Jesús era, en el verdadero sentido, el Hijo de Dios hecho carne, por lo que se le debía adorar, caracterizó a los cristianos desde el principio.

Aquí también hay una afirmación central que el cristianismo hace, específicamente que Jesucristo, Jesús el varón de Galilea, es central y fundamental para una verdadera comprensión tanto de Dios como del hombre. Él en realidad es el hombre perfecto e ideal, pero eso no es todo, ni siquiera es la primera parte de la historia. La primera parte es que en este Varón vemos en persona al Dios que viene a salvar. Y si hemos de pensar cristianamente respecto a Dios, debemos partir del axioma muy bien

> *El Nuevo Testamento considera que conocer a tu Creador como tu Padre, y saber que eres su hijo y heredero, es el mayor privilegio y la relación más satisfactoria que cualquier ser humano pueda experimentar.*

formulado por Michael Ramsey en pocas y sencillas palabras: «Dios es semejante a Cristo», porque Jesús es Dios.[1]

Esta es la segunda hebra del testimonio neotestamentario sobre Cristo Jesús, el hombre: Él es el Mesías (su oficio) y el Hijo de Dios (su identidad personal).

c. Jesús es el único camino al Padre

Esto nos lleva a la tercera afirmación que el Nuevo Testamento hace respecto a Jesús de Nazaret: Él es el único camino al Padre, el único modo en que podemos llegar a conocer a Dios el Creador como Padre y relacionarnos así con Él, a fin de que podamos conocernos a nosotros mismos como hijos en su familia. Este es un tema clave de la propia enseñanza de Jesús, y de la enseñanza de Pablo y de Juan. Podemos decir de inmediato que esto se basa en la crucial afirmación cristiana de que solo por medio de Jesús de Nazaret podemos tener un verdadero entendimiento del amor de Dios.

El Nuevo Testamento considera que conocer a tu Creador como tu Padre, y saber que eres su hijo y heredero, es el mayor privilegio y la relación más satisfactoria que cualquier ser humano pueda experimentar. Sin embargo, no conocer a Dios de esta manera es permanecer en un estado caído y de culpa, es estar separado de la vida de Dios, es estar expuesto a su juicio y, en realidad, a estar viviendo bajo el control demoníaco, de todo lo cual solo fluye desdicha. Pero el Nuevo Testamento asegura que esta es la condición natural de todo ser humano. Preguntamos, ¿puede esto cambiar?

Se dice que Jesús respondió afirmativamente esa pregunta diciendo: «Yo soy el camino, y la verdad, y la vida; nadie viene al Padre, sino por mí» (Jn. 14:6). Es como si Él dijera: «Sí, una relación filial con Dios es posible relacionándote conmigo y con mi ministerio mediador, pero no de otra manera».

----

1. Arthur Michael Ramsey, *God, Christ and the World* (Londres: SCM Press, 1969), p. 98. Publicado en español por Ediciones Fax con el título *Dios y Cristo en un mundo secularizado*.

La filiación con Dios, en el sentido de que me garantiza en la gloria, no es un hecho de la vida natural, sino más bien un don de gracia sobrenatural. Juan, en uno de sus comentarios expositivos en el prólogo al Evangelio, lo declara en estos términos: «A todos los que le recibieron, a los que creen en su nombre, les dio *potestad* (poder, privilegio) de ser hechos hijos de Dios» (Jn. 1:12).

La doctrina del otorgamiento de la filiación forma parte de la exposición correcta de 1 Pedro 3:18: «Cristo padeció una sola vez por los pecados, el justo por los injustos, para llevarnos a Dios». Llevarnos a Dios, entiéndelo, como hijos. Llevarnos a Dios como sus hijos adoptivos. El Hijo unigénito que murió por nosotros nos presenta ante su Padre como sus hermanos y hermanas, y así somos adoptados en la familia divina; y pecadores como somos, sacados por así decirlo de la alcantarilla moral y espiritual, nos convertimos en hijos dentro de la familia real.

Jesús es pues el camino, el único camino, para conocer a Dios como Padre. La verdadera comprensión del amor de Dios tiene que ver con el reconocimiento de que «de tal manera amó Dios al mundo, que ha dado a su Hijo unigénito, para que todo aquel que en él cree, no se pierda, mas tenga vida eterna» (Jn. 3:16), la vida eterna que implica no solo el perdón de los pecados, no solo la comunión con Dios en un sentido amplio y general, sino muy precisamente la adopción en la familia real y la vida como hijos y herederos de Dios, objetos de su especial amor de adopción.

Y así como ninguna otra relación con Dios, salvo la filiación, produce la salvación de la cual los hijos de Dios son herederos, así también aparte de Jesús, quien efectúa nuestra adopción, y según el Nuevo Testamento, «no hay otro nombre bajo el cielo, dado a los hombres, en que podamos ser salvos» (Hch. 4:12). La tercera afirmación es exclusiva: Jesús de Nazaret es el único camino al Padre.

d. Jesús es la única esperanza

La cuarta afirmación, el último punto, es esta: Jesús de Nazaret es la única esperanza para cualquier ser humano. La desesperanza, como lo sabe la Biblia y hoy día lo sabemos nosotros, es literalmente el infierno. Así como Dios nos creó para cumplir una función y alcanzar un fin, porque «el fin principal del ser humano es glorificar a Dios y disfrutarlo por siempre» (según lo expresa el Catecismo Menor de Westminster), así nos hizo criaturas para quienes la esperanza es vida. Y tales vidas se convierten en muertes en vida cuando no tenemos nada bueno que esperar.

A medida que la desesperanza de este mundo occidental poscristiano aprieta su gélido control sobre nosotros, lo sentimos cada vez más fuerte en nuestra época. Entonces podemos apreciar mejor el valor infinito para nuestras vidas de esa esperanza exuberante, embriagadora y energizante de gozo con Jesús en la presencia del Padre. Esta es una característica muy dominante del cristianismo del Nuevo Testamento.

Allí se declara que la humanidad sin Cristo carece de esperanza, pero los cristianos ya viven en una luz que trae esperanza y resplandece más y más hasta el día perfecto. Estos saben, como expresa Pablo, que Cristo es en ellos «la esperanza de gloria» (Col. 1:27). Creo que es lamentable que hoy día oigamos tan poco acerca de lo que se ha llamado «ese mundo desconocido con su habitante conocido», al cual el Nuevo Testamento enseña a los cristianos a esperar con impaciencia. Porque como dice el himno, «He de alabar radiante en "tierra de Emanuel"», y la esperanza de la tierra de Emanuel es parte de la gloria del evangelio.[2]

---

2. Anne R. Cousin, «Arenas que deslizan» (1857).

Por tanto, he aquí la cuarta hebra, bajo la cual puede ampliarse el testimonio sobre Cristo en el Nuevo Testamento, hebra bajo la cual la esperanza del regreso personal del Señor debe integrarse, por supuesto, como un elemento destacado en su exposición. Jesús de Nazaret, el Rey venidero, es la única esperanza para cualquier ser humano.

> *La desesperanza, como lo sabe la Biblia y hoy día lo sabemos nosotros, es literalmente el infierno.*

Hemos visto estas cuatro afirmaciones como un testimonio cuádruple de la persona y el lugar de Jesús: La declaración de que Él es el Cristo, el Hijo de Dios, el camino al Padre y la única y verdadera esperanza del ser humano. Sobre estas afirmaciones reposa la cristología cristiana clásica, según lo estipula el Concilio de Calcedonia y también la predicación evangélica clásica. Únicamente sobre este fundamento tenemos la garantía de afirmar que el cristianismo es Cristo y de comunicarles a las personas que ser cristiano es experimentar un encuentro personal y una relación particular con este divino Salvador personal.

Esta es la línea de enseñanza a la que supongo que tú y yo estamos acostumbrados, y la que quizás nunca creeríamos que cuestionarían individuos dentro de la iglesia. Pero la cuestionan. Por eso ahora debemos examinar la línea de pensamiento que la cuestiona y también explorar la cristología humanista que se ofrece como alternativa a la aceptación de este testimonio del Nuevo Testamento sobre el Salvador.

3. Jesús en la visión humanista moderna

Ahora te ofrezco (de nuevo, me temo que en términos simplificados, tal vez demasiado simplificados, quizás caricaturizados) un resumen de la cristología humanista tal como se expone, por ejemplo, en libros como *The Myth of God Incarnate* (El mito del Dios encarnado), de John Hick, o *Del evangelio al dogma*, de Maurice Wiles. Mi intención no es tanto abordar algún exponente particular de la cristología humanista (pues hay varios exponentes, y todos cuentan la historia con énfasis levemente distintos), sino más bien mostrarte cómo funciona esta hipótesis, viéndola en forma genérica.

La Biblia: Confiabilidad y reconstrucción

La Biblia tiene la misma estructura genérica y funciona de la misma forma básica en las mentes de cada uno de sus expositores. Comencemos con dos *a priori*, dos aspectos que los teólogos que siguen esta línea suponen y dan por sentado.

El primero es que la Biblia, en particular el Nuevo Testamento, es un libro de religión, un testamento de experiencia y fe más que una revelación escrita de parte de Dios. Puesto que su condición es tan solo la de un testamento de fe, no es necesariamente confiable, ni en sus hechos ni en el significado que da a los hechos que registra. No hay nada necesariamente definitivo en su enseñanza, ni hay exactitud ni veracidad necesarias en los detalles de sus testigos.

Un segundo *a priori* es este: las reconstrucciones del pasado que no implican lo sobrenatural, lo milagroso y lo exclusivo son preferibles a las que sí lo hacen. Esto incluye el pasado cristiano, esa sección transcurrida que trata con los orígenes cristianos y con esas explicaciones de la evidencia sobre los orígenes cristianos que encontramos en los libros del Nuevo Testamento.

Estos son los dos *a priori* que funcionan como trampolín para poner en marcha esta hipótesis. Basándose en ellos, los eruditos se sienten libres, en primer lugar, para separar al personaje de Jesús en la historia, al que pretenden reconstruir, del Cristo de fe en el Nuevo Testamento. En otras palabras, se sienten en libertad de cuestionar si el Cristo de fe del Nuevo Testamento representa fielmente lo que realmente fue el Jesús de la historia.

En segundo lugar, los eruditos se dan el lujo de separar lo que pueden considerar como algo natural. Me refiero a separar la enseñanza ética y el ejemplo moral y espiritual del Señor Jesús, de lo que consideran como algo sobrenatural en los relatos. Me refiero al registro de los milagros, la resurrección y, aún más, la encarnación de Jesús, la encarnación del mismo Hijo.

Ellos mismos se permiten insistir en la pregunta: ¿Debemos incluir estos elementos sobrenaturales en nuestra reconstrucción del Jesús de la historia? ¿Tenemos que decir acerca de Él algo más que el hecho de que fue un hombre bueno, piadoso y guíado por el Espíritu, que ofreció enseñanzas de valor único y dio un ejemplo de significado especial? De ese tipo de cuestionamiento viene la hipótesis que denominamos cristología humanista, que en forma genérica expresa: Jesús fue, en realidad, un hombre precisamente profético, dirigido por Dios, que pronunció palabras que ningún otro hombre había pronunciado antes, que llevó una vida de una calidad que nadie había llevado antes. Pero sus seguidores lo hicieron sobrenatural. Al venerarlo tanto por su enseñanza como por el poder de su vida, le atribuyeron milagros, le adjudicaron deidad, proclamaron que resucitó de los muertos. Se persuadieron de que así lo había hecho, de que debió haberlo hecho. Pero la verdad sobre Él corresponde con la perspectiva de los dioses griegos, propuesta por el filósofo macedonio del siglo IV, Evémero, de que fueron hombres adorados después de sus muertes. Según esta hipótesis, lo mismo ocurre con Jesús.

Hacer sobrenatural a Jesús, como afirman estos eruditos, fue un desarrollo influido y moldeado por religiones de misterio helenísticas, todas las cuales tuvieron en su núcleo algún mito sobre un dios y alguna promesa de contacto con él. Ellos aseveran que este mismo patrón de pensamiento lo absorbieron los teólogos cristianos y produjeron la teología desarrollada, la cristología, que nos ofrece el Nuevo Testamento.

Pero, según estos eruditos, la verdad es que la teología neotestamentaria y la tradición cristiana que la siguió, al deificar a Jesús y convertirlo en Mediador, apartándolo así de nosotros como único en su propia persona, cometieron una grave equivocación. El evangelio debe reconstruirse para eliminar este error. La verdad del asunto es que Jesús fue un hombre excepcionalmente piadoso, guiado de forma especial, iluminado, dirigido por el Espíritu Santo, cuya importancia para nosotros es esta: que Él fue, en una manera maravillosamente inspiradora y en realidad transformadora de vidas, un maestro y un ejemplo de piedad a quien no se puede contemplar sin experimentar un cambio.

De este modo, estos teóricos intentan preservar el sentido cristiano de la unicidad de Jesús. No es que sea el Hijo de Dios encarnado. Es que llevó una vida de una calidad singularmente poderosa, que tiene una repercusión especialmente fuerte y transformadora en quienes entran en contacto con este conocimiento.

Jesús: ¿Hombre o mito?

Esa es genéricamente la hipótesis. Los diferentes ensayistas que colaboraron en el libro *The Myth of God Incarnate* la explican en términos ligeramente distintos, de capítulo en capítulo. Según informamos en el primer capítulo de esta obra, la palabra *mito* en ese título significa una historia fantasiosa (no un asunto de realidad pública objetiva de espacio-tiempo, sino más bien un producto de imaginación creativa) que brinda una comprensión del mundo y de nuestra existencia en él. Y según los eruditos, este es el significado especial de los mitos: dar comprensión del mundo y de nuestra existencia allí. Estos hombres afirman que el mito de la encarnación fue concebido para tratar de explicar en palabras el sentido de ser transformados hasta las raíces, que había sucedido a los primeros discípulos de Jesús como resultado de su contacto con Él y, en el caso de los primeros convertidos que hicieron, por el conocimiento que adquirieron sobre este Jesús.

La palabra *mito,* pues, no pretende degradar a Cristo en la mente de estos hombres. Su intención es más bien señalar que la teología del Nuevo Testamento se preocupa en gran manera del efecto que la figura de Jesús tuvo en esos primeros discípulos y que puede seguir teniendo. Los autores afirman que el Nuevo Testamento sigue teniendo algún valor debido a que sigue mediando ese efecto. Pero si les preguntamos a los autores del mito cuál fue realmente el Jesús de la historia, pues bien, sus respuestas son muy variadas. Por ejemplo, John Hick dice que Jesús fue una de las muchas manifestaciones salvadoras del *Logos* cósmico divino. Pero agrega que lo que debemos hacer con Jesús es agruparlo con el Buda y con otros grandes maestros religiosos de la historia. Yo únicamente lo cito. No quiero que creas que estoy haciendo algo más que citarlo, aunque la cita podría dejarte sin aliento al escucharla.

Esto es lo que Hick escribe: «Lo que no podemos decir es que todos los que son salvos, lo son por medio de Jesús de Nazaret».[3] Y eso contradice Hechos 4:12, que cité antes: «No hay otro nombre bajo el cielo, dado a los hombres, en que podamos ser salvos».

Maurice Wiles expone el asunto de esta manera. Wiles cree que Jesús, el hombre, aún actúa como el punto focal de la revelación mística de Dios al alma, la presión divina sobre el alma, mediante la cual nos convence que Él está allí y que tiene buena voluntad hacia nosotros y hacia todos los seres humanos. Maurice Wiles parece ser una clase de deísta, y es la única doctrina de Dios que realmente tiene. Pero cree que ese sentido de las cosas está mediado por Jesús. Así escribe, y de nuevo cito: «Permanecerían la verdad del amor desinteresado de Dios y el papel de Jesús en dar vida a esa visión en el mundo», aunque la doctrina de la encarnación se abandonara, como Wiles insta que se haga.[4]

Eso contradice claramente 1 Juan 4:10, donde el apóstol explica su declaración «Dios es amor» en estos términos: «En esto consiste el amor: no en que nosotros hayamos amado a Dios, sino en que él nos amó a nosotros, y envió a su Hijo en propiciación por nuestros pecados». Pareciera que no, pero aun así, el mensaje del amor de Dios se manifiesta, según Wiles.

En realidad, los pensadores más sólidos en este punto en el libro

---

3. John Hick, *The Myth of God Incarnate*, ed. John Hick (Londres: SCM Press, 1977), p. 181.

4. Hick, *The Myth of God Incarnate*, p. 9.

The Myth son Don Cupitt y Dennis Nineham, quienes parecen estar afirmando que la importancia de Jesús para nosotros es como la importancia de George Stephenson en *History of Railways* (Historia de los ferrocarriles): Jesús fue quien puso todo en marcha. Puso en marcha la experiencia de Dios que se transmite por contacto a lo largo de los siglos en la Iglesia. Pero la importancia de Jesús, al parecer, solo es histórica, y para quienes vivimos en estos últimos tiempos, ya no es directa, como tampoco una persona que hoy diseñara un sistema ferroviario volvería a estudiar a George Stephenson antes de decidir cómo ponerlo en funcionamiento. Bueno, de acuerdo. Traigo a colación estas citas, no para poner en ridículo a sus autores, sino simplemente para mostrar cómo funciona esta cristología en cuanto a la pregunta que todos deseamos hacer: ¿Cuál es entonces la importancia de Jesús para nosotros hoy día?

El Nuevo Testamento: ¿Realidad o ficción?

¿Qué debemos decir acerca de este tipo de pensamiento, de esta cristología humanista? No deseo poner en duda ni por un instante la sinceridad o la erudición de sus exponentes, aunque creo que ellos mismos están asegurándose en forma muy evidente que son individuos de su época, obsesionados por algunos prejuicios modernos de moda que han determinado la forma en que piensan.

Sin embargo, en primer lugar, me gustaría señalar lo que sin duda es obvio para todos nosotros, y no debo perder tiempo en ello. Esta es una destrucción total del cristianismo apostólico, y no nos deja ningún Salvador como el que nos presenta el Nuevo Testamento. En segundo lugar, quiero señalar que esta perspectiva parece implicar lo que solo puede llamarse un desprecio arbitrario de la evidencia. Debo dedicar un momento a esto para aclarar el punto, el cual tiene tres ramificaciones.

En primer lugar, en el siglo XX, eruditos como James Denney, Sir Edwyn Hoskins, Oscar Cullmann, los profesores Charles Moll, A. M. Hunter, F. F. Bruce y muchos más han demostrado, en tal forma que en realidad me parece muy convincente, que las afirmaciones transcendentales que Jesús hizo acerca de sí mismo están en el material sinóptico más antiguo. Por temprano que nos remontemos, mediante el uso de técnicas críticas aceptadas en nuestros análisis del material de los Evangelios, aún encontraremos a Jesús de Nazaret reclamando una lealtad que solo Dios tiene derecho a reclamar, y reclamar esa lealtad en una base exclusiva como parte del servicio del hombre de Dios.

Si aceptamos la hipótesis, que parece estar ganando terreno en estos días, de que el Evangelio de Juan es temprano en lugar de tardío, pues hallaremos en él mayor abundancia de material de la misma clase, y mientras más temprano lo fechemos, más difícil es creer que algo de este material sea en lo más mínimo auténtico.

En segundo lugar, el libro de John Robinson, *Redating the New Testament* (Nueva datación del Nuevo Testamento), plantea la cuestión, no que todo el Nuevo Testamento fuera escrito antes del año 70 d.C. (algo que él no puede demostrar ni supone haberlo hecho), sino que es arbitrario e innecesario suponer que algunos de los libros del Nuevo Testamento se escribieran después del 70 d.C.[5] Por tanto, es arbitrario aceptar cualquier teoría que presuponga una fecha tardía para cualquier libro del Nuevo Testamento como parte de su fundamento, y esa teoría no podría sostenerse a menos que se supusiera la supuesta fecha tardía.

Si hemos de suponer que Jesús fue globalmente muy mal recordado, o yo debería decir olvidado, y luego restaurado, antes de la redacción del Nuevo Testamento, como supone esta cristología humanista, tendríamos que permitir mucho más que una generación para que ese proceso suceda. Sencillamente, no hay tiempo para que esto sucediera antes del año 70 d.C. La prueba de que no pudo haber sucedido antes del año 70 d.C. es que yo, J. I. Packer, tengo cincuenta y dos años [en 1978], y soy capaz de recordar muy bien la Segunda Guerra Mundial, que estalló en 1939. Estoy seguro de que muchas personas también

---

5. John A. T. Robinson, *Redating the New Testament* (Londres: SCM Press, 1976).

la recuerdan, y el intervalo de tiempo es exactamente el mismo, algo menos de cuarenta años [hasta 1978]. Este es un punto que habla bastante fuerte en contra de la cristología humanista.

En tercer lugar, el cristianismo del Nuevo Testamento desde el punto de vista histórico es simplemente inexplicable, salvo sobre la base de que hubo una tumba vacía. Hubo apariciones del Señor resucitado y muchos sí conocieron su presencia personal con ellos en esos primeros días. Una regla del pensamiento histórico es que debemos plantear una causa adecuada al efecto. El efecto que intentamos explicar aquí son vidas transformadas y hombres dispuestos a vivir y morir para dar testimonio de la resurrección de Jesús. Parece ser un razonamiento histórico poco sólido suponer que cualquier causa podría haber producido ese efecto, salvo una tumba vacía, apariciones de la resurrección y la sensación de la presencia de Jesús por medio del derramamiento del Espíritu, lo cual la narración de Hechos afirma realmente que fue lo que hubo allí en el inicio.

Sin embargo, según los principios de la cristología humanista, no hubo resurrección física. Cualquier aparición después de la resurrección que las personas creyeron ver fue alucinatoria, debía serlo, y quién sabe de dónde vino la sensación de la presencia de Jesús. ¿No crees que se trata de una hipótesis muy desesperada para explicar el efecto revolucionario, transformador y dinámico del cristianismo primitivo? Así que creo que no renunciamos a nuestra integridad intelectual siendo profundamente suspicaces ante el escepticismo de la cristología humanista.

4. Jesús: Hijo y Salvador

Esto me lleva en pocas palabras a lo último que deseo expresar: solo un breve comentario sobre la presentación de la humanidad de Jesús en Hebreos, que deseo que contrastes con la presentación de Cristo Jesús, el hombre en la cristología humanista. ¿Cómo presenta Hebreos a Cristo Jesús, el hombre? ¿Por qué así? Al afirmar dos proposiciones. Primera, que el Hijo preexistente de Dios participó de carne y sangre, y se convirtió en hombre y que este es el verdadero secreto de la identidad de Jesús. Esto es lo que Él es. Y segundo, que el propósito del Hijo de Dios en participar de carne y sangre fue salvar a sus hermanos.

En otras palabras, Hebreos afirma la encarnación, y esta como un medio del ministerio salvador. En los dos primeros capítulos se afirma la encarnación. «Dios trajo a su Primogénito al mundo», declara el escritor en Hebreos 1:6 (NBV). En el capítulo 2 cita de Salmos 8:4: «¿Qué es el hombre, para que tengas de él memoria…?» y tras citar este salmo, él sigue diciendo: «Pero todavía no vemos que todas las cosas le sean sujetas» (He. 2:8). ¿Cómo entra aquí Jesús? Pues entra como el Hombre en quien este patrón de dominio se cumple arquetípicamente por medio de su ministerio salvador. Vemos a Jesús, «aquel que fue hecho un poco menor que los ángeles, a Jesús, coronado de gloria y de honra, a causa del padecimiento de la muerte, para que por la gracia de Dios gustase la muerte por todos» (He. 2:9).

Examinemos un poco más. ¿Quién fue este Jesús? Bueno, fue el Hijo de Dios que participó en sí mismo de carne y sangre humanas para poder atraer a los hombres hacia sí y llevarlos a la gloria como sus propios hermanos e hijos de Dios en la familia en la cual Él es el hermano mayor. Los versículos 14-15 manifiestan: «Por cuanto los hijos participaron de carne y sangre, él también participó de lo mismo, para destruir por medio de la muerte al que tenía el imperio de la muerte, esto es, al diablo, y librar a todos los que por el temor de la muerte estaban durante toda la vida sujetos a servidumbre» (He. 2:14-15). El Hijo de Dios participó personalmente de carne y sangre, y lo hizo con el fin de salvar.

No necesitas que te recuerde cómo Hebreos sigue explicando el ministerio salvador de Jesús en lo que respecta al sumo sacerdocio, y describiendo la naturaleza de este oficio en cuanto al ministerio de ofrecer sacrificios a Dios. Él, el Sumo Sacerdote se ofreció a sí mismo, y en cuanto al ministerio a favor de los seres humanos de ayuda, simpatía, guía y apoyo, con gracia ayuda en momentos de necesidad.

No necesitas que te recuerde cómo Hebreos nos presenta a nuestro único Sumo Sacerdote en lo alto, con su obra expiatoria realizada, que ahora vive por siempre para interceder por nosotros y es capaz de salvar perpetuamente a aquellos que por Él se acercan a Dios. Al haber sido tentado, Él puede ayudar a los que son tentados, y por medio de su intercesión puede asegurarnos la gracia para ayudarnos en momentos de necesidad.

Esta es la presentación de Cristo Jesús, el hombre, en Hebreos. Él es el Hijo de Dios hecho carne. Participó personalmente de carne y sangre para ser nuestro gran Sumo Sacerdote, con el fin de salvarnos. Si no hubiera encarnación, según Hebreos no habría ninguna mediación ni salvación. Por eso es que «en ningún otro hay salvación; porque no hay otro nombre bajo el cielo, dado a los hombres, en que podamos ser salvos» (Hch. 4:12).

Resumámoslo rápidamente. El mensaje expuesto en los Evangelios, y en el Nuevo Testamento como un todo, presenta al personaje histórico de Jesús como el Salvador divino. «Predicamos a Cristo crucificado», afirma Pablo. Esto es historia, y el Cristo que fue crucificado es el Hijo de Dios. Hemos examinado la cristología humanista, que ve a Jesús como un simple hombre en quien habitaba Dios, lo cual, como he afirmado, reduce la encarnación a la morada del Espíritu. Y hemos visto que esto nos deja sin evangelio alguno… al menos sin un evangelio que sea reconocible como un evangelio según los criterios del Nuevo Testamento.

También hemos sugerido que la cristología humanista es irrazonable, además de poco evangélica y en todos los sentidos, poco cristiana. Nos quedamos donde nos deja el Nuevo Testamento, con la convicción de que, al enunciar el evangelio, es justo y necesario hacer brillar la cristología de las Epístolas como una luz, una lámpara, para iluminar al hombre, al personaje, Jesús de Nazaret, que recorre el relato evangélico. Esta cristología, esta declaración del Hijo de Dios hecho hombre, nos muestra quién es ese Jesús, y explica todo respecto a Él. Jesús realmente hizo la afirmación, pero la cristología de todo el Nuevo Testamento la explica en detalle. Y a medida que vemos a ese personaje, iluminado por esta declaración de quién y qué es, descubrimos una y otra vez, como hicieron los cristianos que nos precedieron, que Él sale de las páginas de los Evangelios y se convierte en el Cristo activo, el Salvador vivo, a quien conocemos, a quien amamos y a quien reconocemos como nuestro Amigo, porque ha venido a nosotros y se nos ha dado a conocer. Lo adoramos y lo amamos. Él es nuestro Dios, nuestro hermano, nuestro Maestro, nuestro Señor, el único Cristo verdadero del testimonio del Nuevo Testamento.

Bueno, lo es para nosotros si por la gracia de Dios hemos reconocido esto en nuestras propias vidas y somos capaces de expresar, como el centurión ante la cruz, y tal vez con más comprensión que la que él tuvo ante la cruz: «Verdaderamente este era [y es] hijo de Dios» (Mt. 27:54).

3

Cristo se despojó
a sí mismo

La divinidad de Jesucristo

PERMÍTEME COMENZAR RECORDÁNDOTE hasta dónde hemos llegado en estos estudios. Mi curso de conferencias se anunció como una serie de estudios contemporáneos sobre el evangelio eterno. Y mi propósito general en estas cinco sesiones es la reivindicación y reafirmación del antiguo y verdadero evangelio apostólico frente a las dudas, las incertidumbres y las alternativas que se están barajando en este momento. Tomé la frase de 1 Corintios 1:23: «Nosotros predicamos a Cristo crucificado» como la forma de Pablo de resumir el mensaje. Como un texto muy conveniente para mi propia reformulación del evangelio, lo que tratamos de ver en estos cinco estudios de aspectos diferentes del evangelio es el significado pleno y las consecuencias más profundas del «Cristo crucificado» como un resumen del mensaje del evangelio.

Historia: Cristo crucificado

En el capítulo 1, indiqué que la frase «Cristo crucificado» apunta al hecho central en una narración multifacética respecto al Dios vivo en la historia de salvación de la humanidad, y en última instancia, de la renovación de todo el orden mundial. Insistí en que el evangelio es historia, no un producto de la imaginación humana. El evangelio es importante porque, como relato, nos ofrece comprensión de nosotros mismos y de nuestras vidas. Se trata precisamente de la verdad revelada y enseñada por Dios a los apóstoles, por medio del Espíritu Santo, transmitida a ellos e impartida a nosotros por el Espíritu Santo. Es decir, nos llega por medio de los apóstoles mediante el testimonio escrito de los autores epistolares en los libros del Nuevo Testamento.

Y en el Nuevo Testamento, aunque diferentes categorías y vocabulario son utilizados por personas distintas (los testigos del evangelio, el testimonio de Cristo crucificado en el núcleo del evangelio), al inspeccionarlo resulta estar unificado. Los temas convergen. El mensaje es único. El mensaje es que la cruz histórica (probablemente tuvo lugar en el año 33 d.C.) es un hecho de importancia y realidad transhistórica. El Nuevo Testamento nos obliga a afirmar con audacia que las personas que llegan a la fe en Cristo son tocadas directamente por la cruz y la resurrección implicadas en ella.

> *Cristo es el Señor vivo, a quien un día todos los seres humanos tendrán que rendir cuentas, porque un día todos ellos se encontrarán con Él como Juez.*

Según la línea de pensamiento de Pablo en Romanos 6, «somos sepultados juntamente con» Cristo (Ro. 6:4). Hemos resucitado con Él. Llegamos a participar en ese acontecimiento trascendental y central del plan de Dios para la renovación de su mundo. Parte del mensaje es que el Cristo que murió y resucitó, y que ahora toca nuestras vidas, es en realidad el Señor vivo. Él está *allí*, en el sentido en que Francis Schaeffer habló en *El Dios que está ahí*. Como el Cristo que está ahí, Él está *aquí*, muy presente para bendecir a quienes por medio de Él se vuelven a Dios. Él reina. Vendrá otra vez. Traerá en persona los nuevos cielos y la nueva tierra. Cristo es el Señor vivo, a quien un día todos los seres humanos tendrán que rendir cuentas, porque un día todos ellos se encontrarán con Él como

Juez. Él es el Señor viviente, a quien el evangelio nos invita ahora a recibirlo como Salvador, el Cristo que fue crucificado en la cruz del Calvario hace mucho tiempo.

Así es que comenzamos a rebatir la sugerencia de que la teología del Nuevo Testamento debe entenderse como un mito. Continuamos rebatiendo esa sugerencia en nuestro segundo estudio, cuando examinamos más de cerca la llamada cristología humanista, que sale apresuradamente del mundo del pensamiento y comienza en las mentes de muchos de estos maestros modernos con una insistencia en que la teología del Nuevo Testamento tiene la naturaleza de un mito.

El Salvador: Cristo Jesús, el Dios-hombre

Una vez que el humo se ha disipado, lo que les queda a los seguidores de la cristología humanista es un Jesús que fue un hombre profético, habitado por el Espíritu, que llevó una vida de piedad y poder únicos para influir en aquellos que entraron en contacto con esa vida. Pero su significado es precisamente el de un ejemplo y un maestro, no el de un portador de pecado, no el de un Señor resucitado, no el de un mediador a quien se debe adorar, ni de un amigo a quien amar.

Según estas personas, no existe una expiación ni una resurrección objetivas. Examinamos este punto de vista y vimos que representa una negación del mensaje del Nuevo Testamento más que una interpretación de este, que es lo que afirman sus proponentes. Vimos que esto no encaja de ninguna manera con la evidencia histórica acerca de Jesús y los orígenes cristianos. Esto desestima en forma flagrante lo que representa la idea central unificada de los teólogos del Nuevo Testamento. Cuando hablan de Jesús, se refieren concretamente a que la clave para comprenderlo es darnos cuenta de que Él es en realidad el Hijo de Dios que participó de carne y sangre y se hizo hombre para poder salvar a la humanidad. El Nuevo Testamento insiste en que la humanidad del Hijo es integral para su ministerio de mediación y redención en el sentido de que, si no hubiera sido hombre, no habría podido hacer lo que se debía hacer para salvarnos.

Y vimos al escritor de Hebreos explicando eso en función de su categoría clave de nuestro Señor como el gran Sumo Sacerdote designado por Dios para tener un ministerio tanto hacia Dios como hacia los hombres, un ministerio hacia Dios de sacrificarse por los pecados de los seres humanos. Y este gran Sumo Sacerdote nuestro ofreció su propia sangre como sacrificio por nuestros pecados.

Luego, por otra parte, el ministerio del sumo sacerdote es simpatizar con las personas, comprenderlas y así ayudarlas en sus necesidades y sus problemas, y Hebreos afirma que solo un hombre puede hacer eso. Por consiguiente, el sumo sacerdote tenía que ser tanto humano como divino. La humanidad de Jesucristo se ve ahora como parte del misterio, el glorioso misterio de la acción divina a favor de nuestra redención.

El Nuevo Testamento insiste en que la humanidad del Hijo es integral para su ministerio de mediación y redención en el sentido de que, si no hubiera sido hombre, no habría podido hacer lo que se debía hacer para salvarnos.

Esto nos lleva al tema de este capítulo 3. Lo que vamos a hacer es examinar una hipótesis acerca de la encarnación, la cual en realidad no se ofrece como una objeción al relato bíblico de Jesucristo, el Hijo de Dios, como lo fue la hipótesis del mito. Más bien, se ofrece como un intento por explicar ciertas características sobre la encarnación.

Primero empezaré colocando una señal de peligro y advirtiéndote contra las especulaciones. En segundo lugar, prepararé aún más nuestras mentes para la teoría que vamos a examinar, ilustrando un poco más la declaración del Nuevo Testamento de la identidad divina de Jesús. Examinaremos brevemente dos pasajes. En tercer lugar, exploraremos esta hipótesis, la llamada «teoría de la kénosis» de la encarnación. Concluiré con una breve observación bajo mi cuarto título, ofreciendo un comentario final sobre la divinidad de Jesús y el evangelio.

Especulaciones

Comencemos con un análisis de las especulaciones. Hay dos aspectos que quiero explicar aquí. Es muy importante que, a medida que nos enfocamos en el estudio de un misterio tan exaltado y santo como la encarnación de nuestro Señor, entendamos y dejemos muy en claro este asunto. Se trata de un punto que expreso mediante las dos declaraciones siguientes.

1. Los teólogos no deberían confiar en especulaciones.
2. Los teólogos deben formular hipótesis.

Primero, los teólogos no deberían confiar en especulaciones. Aquí utilizo la palabra *especulación* en un sentido bastante preciso. Me refiero a una suposición que va más allá de lo que encontramos en la Biblia. Creo que es muy importante que nos demos cuenta de que todo lo que podemos saber acerca de Dios, en cuanto a su propia naturaleza, sus planes, sus propósitos y su acción redentora es lo que la Biblia nos informa.

Fuera de eso, las criaturas no estamos en posición de entender por medio de suposiciones. Martín Lutero debió reprender en cierta ocasión a Erasmo, quien era un teólogo especulativo. La reprimenda fue más o menos así: Lutero declaró: «¡Por Dios, Erasmo! Tus pensamientos acerca de Dios son demasiado humanos».[1] Si nos damos el lujo de especular más allá de las Escrituras con relación a los propósitos redentores de Dios, pues bien, con toda seguridad también habrá que decir lo mismo de nuestros pensamientos. Sin darnos cuenta, haremos a Dios a nuestra imagen. Sin darnos cuenta, nosotros, sus criaturas,

---

1. *Martin Luther on the Bondage of the Will: A New Translation of* De Servo Arbitrio *(1525): Martin Luther's Reply to Erasmus of Rotterdam*, trad. O. R. Johnson (J. Clarke: 1957). La introducción fue escrita por J. I. Packer.

asimilaremos a nuestro Creador, lo cual será un error. Y los pensamientos que impliquen tal error se equivocarán de principio a fin.

No, lo que debemos hacer es reconocer que estamos limitados a las Escrituras para aprender acerca de Dios en su acción redentora. Y la responsabilidad de la teología es reflejar las Escrituras, confesar la fe de las Escrituras, circunscribiendo y articulando las realidades misteriosas expresadas en las Escrituras. De nuevo, cuando utilizo ese vocablo *misteriosas*, o cuando uso el sustantivo correspondiente *misterio*, lo hago en un sentido bastante preciso. Me refiero a una realidad que conocemos por las Escrituras y de la cual debemos señalar (como debemos señalar de casi todas las realidades divinas reveladas en las Escrituras) que podemos estar seguros de que es así porque la Biblia nos lo dice. Pero no podemos concebir cómo es esa realidad. En ese punto, debemos confesar que transciende nuestro entendimiento. Sabemos *qué* es; pero no sabemos *cómo* es.

Las realidades de Dios, todas ellas, son *incomprensibles* (utilizando de nuevo la palabra técnica). Están por encima de nosotros, por sobre nuestra razón; pero de ninguna manera son irrazonables, sino que trascienden la razón. Y nuestro conocimiento de ellas puede ser únicamente parcial mientras seguimos las Escrituras, las enseñanzas bíblicas, y las comprendemos, las asimilamos y las hacemos parte de nuestro propio pensamiento mientras captamos la verdad. Nuestro conocimiento de estos asuntos es realmente verdadero dentro de lo posible, pero podemos estar seguros de que es incompleto, ya que, con todo nuestro conocimiento de estas realidades divinas, tenemos que reconocer que es «como si estuviéramos viendo una figura en un espejo defectuoso»: de manera imprecisa, imperfecta e incompleta (1 Co. 13:12, NBV).

Eso no significa que debamos ser escépticos o agnósticos. En realidad, no. Porque lo que sabemos, debido a que Dios nos lo ha mostrado y manifestado, es más que suficiente para una relación plenamente satisfactoria con Dios, como en realidad los cristianos ya han conocido desde los mismos albores del cristianismo. Esto se puede ilustrar diciendo que en una familia humana el padre puede ser un genio, como Einstein, y su hijo tal vez solo tenga tres o cuatro años de edad y no empiece a comprender todos los pensamientos profundos que zumban en la mente de su padre. Pero, aun así, el niño podría tener una relación de amor perfectamente satisfactoria con su padre, si este lo ama y se preocupa por él como haría un buen padre. De igual modo, podemos conocer a Dios en amor y comunión, aunque no sepamos ni podamos saber todas las cosas acerca de Él, que Dios mismo sabe respecto a su ser.

Vemos esto de inmediato al reflexionar en las grandes doctrinas del cristianismo: la Trinidad, los atributos de Dios, su providencia soberana, la encarnación, la expiación, la unión con Cristo en su muerte y resurrección. En primer lugar, solo por medio de la Biblia sabemos algo acerca de estos temas. Y, en segundo lugar, solamente los conocemos en parte. Es decir, podríamos hacer muchas preguntas en cuanto a esas doctrinas que no podemos responder. Solo sabemos lo que la Biblia nos dice, y eso significa que estas cosas siguen siendo misterios para nosotros en el sentido definido. Las especulaciones son intentos de pensar en estos asuntos más allá de la base segura que brinda el pensamiento bíblico. Respecto al tema de la predestinación, Calvino estableció desde el inicio de su enfoque que no podemos dar un solo paso más allá de la enseñanza clara de las Escrituras o, de lo contrario, nos aturdiremos y caeremos en el abismo.[2]

Creo que lo que Calvino dijo acerca de la predestinación se puede afirmar en cuanto a todos los misterios de Dios en las Escrituras. Si

> *Podemos conocer a Dios en amor y comunión, aunque no sepamos ni podamos saber todas las cosas acerca de Él, que Dios mismo sabe respecto a su ser.*

---

2. Juan Calvino, *Institución de la religión cristiana*, III.21.1.

especulamos más allá de lo que la Biblia realmente dice, nos aturdimos. Caemos en el abismo. Así que, hermanos y hermanas, les advierto, como me advierto a mí mismo: los teólogos no deben fiarse de las especulaciones.

Respecto a la segunda declaración, la verdad es esta: los teólogos deben formular hipótesis porque así es como se amplía el conocimiento teológico. Aquí hay un paralelismo con el método científico. Al generalizar basándose en los datos disponibles, lo que los científicos hacen con regularidad, cada uno en su propio campo, tiene que ver con no limitarse a los datos al formular una hipótesis, que es una idea de cómo podría ser una concepción de lo que podría ser la verdad.

Después de haber formado una hipótesis, el científico procede a probarla viendo si concuerda con todos los datos que tiene por el momento, y si puede encontrar otros datos que sirvan para probarla. En la teología ocurre algo parecido. La teología es una ciencia. Es el estudio de la revelación de Dios. La teología también es adquisición de conocimiento, en este caso de lo que Dios ha dicho. Los teólogos formulan hipótesis relacionadas con las grandes realidades de las que hablan las Escrituras, y luego ponen a prueba tales hipótesis formulando preguntas a las Escrituras para ver si estas hablan realmente en una forma que concuerde con la hipótesis o si expresan algo distinto.

Solo cuando las hipótesis se ponen a prueba de este modo, se puede discernir si clarifican y cristalizan de veras la verdad de las Escrituras, o si en realidad no ofrecen mejor posición que la de las especulaciones, que las Escrituras no respaldan. La hipótesis como tal no es una especulación hasta que se haya probado y descubierto que la Biblia no la respalda. Si aun así te aferras a ella, entonces especulación es el nombre apropiado para ella, y habrás cometido una equivocación en tus métodos y estarás abusando de tu propia opinión. Eso no debe hacerlo el teólogo. Únicamente avanzará cuando formule hipótesis y las ponga a prueba.

Digo esto porque vamos a considerar una de tales hipótesis, y no es ilegítimo formularla ni tratar de demostrarla. La pregunta es si es prudente aferrarse a ella cuando, como veremos, resulta tener muy poco respaldo bíblico.

Identidad cristológica: Dios eterno

Pero hablaremos más de esto en un momento. Deseo presentarte más evidencia del Nuevo Testamento relacionada con la deidad de nuestro Señor Jesucristo. El Nuevo Testamento atestigua la realidad de que a Jesús se le debe honrar y adorar tal como se le honra y adora al Padre. Esto es así porque Jesús es en realidad coeterno con el Padre, y participa y ha participado junto con el Padre en la obra de la creación, tal como ahora está con el Padre en la obra de redención. Entonces quiero mostrarte exactamente, a partir de dos pasajes que voy a citar, cómo el Nuevo Testamento se centra de manera específica en el pensamiento de la preexistencia del Salvador como la segunda persona de la Divinidad, quien estuvo allí con el Padre antes que se convirtiera en ser humano. Quiero mostrarte esto primero a partir del prólogo al Evangelio de Juan, Juan 1:1-18. No intentaré ofrecerte una exégesis completa de este pasaje, pero sí deseo mostrarte la progresión del pensamiento en el pasaje.

Esta idea no siempre es apreciada ni siquiera por los mejores comentaristas. Insisto en que debemos entenderla así. El objetivo del prólogo es presentar la persona y el ministerio de Jesucristo, el Hijo de Dios. La preocupación especial de Juan a lo largo del Evangelio es mostrarnos primero quién y qué fue y, en realidad, es Jesús. Esta es una preocupación por mostrarnos en primer lugar su gloria como el Hijo de Dios, y en segundo lugar cuál es la naturaleza de la gracia y la verdad que trajo… para revelarnos la naturaleza de la salvación de Cristo.

Y Juan tiene un problema. Quiere asegurarse de que nada de esto se malinterprete. Desea que nuestras mentes se acostumbren en forma clara, sin ambigüedades y desde el principio, a la idea de que la persona de quien habla es el Hijo de Dios en el pleno sentido cristiano de esa frase, el sentido que quiere exponer. Además, desea que comprendamos que Jesús es realmente una persona divina que vino a traernos esa gracia y esa verdad salvadora. Juan sabe que la frase «Hijo de Dios» en las mentes de muchos de sus lectores transmitirá de inmediato mucho menos de lo que le transmite a su mente como maestro cristiano. Juan sabe que para los judíos la frase «Hijo de Dios» no debe ser más que un título honorífico para el Mesías.

En cuanto a los gentiles, la frase «Hijo de Dios» les sugerirá muy probablemente uno de estos héroes de la leyenda mitológica griega que tenía una madre humana y un padre divino. Y Juan no desea que nadie piense ni por un momento que Jesucristo, el eterno Hijo divino, es como, digamos, el héroe Hércules o alguien por el estilo.

Por eso Juan no comienza hablando del Hijo de Dios. Lo que hace es empezar su prólogo con la sección, de trece versículos de largo, de la cual el tema, en una frase, es este: «Conoce al Logos cósmico divino». La palabra *logos* significa argumento, razón. Cuando logos se tradujo *Verbo,* esa es la idea que yace detrás de la traducción. Juan expresa: «Conoce al Logos cósmico divino», y luego nos dice directamente ciertos aspectos acerca del Logos.

Él es eterno. «En el principio era el Verbo» (Jn. 1:1).

Desde la eternidad estaba en comunión con Dios. «El Verbo era con Dios» (Jn. 1:1).

Eternamente, Él mismo era divino. «El Verbo era Dios» (Jn. 1:1).

Fue el agente del Padre en la creación. «Todas las cosas por él fueron hechas» (Jn. 1:3).

El Verbo es la fuente inmediata de vida, en todas sus formas en este mundo que Dios hizo por medio de Él. «En él estaba la vida, y la vida era la luz de los hombres» (Jn. 1:4).

Él, el Verbo, el Verbo Creador, vino «a este mundo», continúa Juan (Jn. 1:9). Su venida fue anunciada por Juan el Bautista.

A pesar de esto, Él fue ampliamente rechazado. Cuando vino, lo hizo a su propio pueblo. Vino a su propio mundo, y su propio pueblo no lo recibió. Sin embargo, aquellos que lo recibieron fueron bendecidos. Les dio el derecho, el privilegio, el honor de convertirse en hijos de Dios, específicamente «los que creen en su nombre» (Jn. 1:12).

Todo esto se dice del Logos, el Verbo. Y a medida que se indican estos aspectos maravillosos y trascendentales acerca del Verbo, Juan calcula que el lector interesado estará preguntándose con creciente urgencia: «¿Quién es este Verbo? Nunca antes oí hablar de este Verbo. ¿De quién se trata?».

Entonces, del versículo 14 al 18, Juan responde la pregunta diciéndonos quién es el Verbo. Y si el título que resume la idea central de los primeros trece versículos fue: «Conoce al Logos cósmico divino», el de los versículos 14 al 18 es: «Conoce al Hijo encarnado del Padre». En el versículo 14 llegamos al momento decisivo, el punto trascendental en el prólogo, donde se hace la identificación.

Así es como resultó. «Aquel Verbo fue hecho carne» (Jn. 1:14), sencillas palabras con un significado muy profundo. «Aquel Verbo fue hecho carne, y habitó entre nosotros (y vimos su gloria)… lleno de gracia y de verdad» (Jn. 1:14). Gloria, desde luego, es una palabra que habla de la presencia manifiesta de Dios. «Vimos su gloria, gloria como del unigénito del Padre» (Jn. 1:14), gloria otorgada por el Padre a su Hijo unigénito. Esa es la idea. Y a partir de este momento, no volvemos a oír nada acerca del Verbo. De aquí en adelante, Juan habla constantemente del Hijo.

Así lo declara: «Conoce al Hijo encarnado del Padre, quien es el Verbo». Recuerda que el Verbo es divino, coeterno con el Padre, el agente del Padre en la creación, el agente del Padre en incorporar hijos a la familia, el agente que está en la redención. Este Verbo es el Hijo del Padre. Y así debemos pensar en Él.

A lo largo del resto del Evangelio, se nos enseña a hacer esto. «Y aquel Verbo fue hecho carne, y habitó entre nosotros (y vimos su gloria, gloria como del unigénito del Padre), lleno de gracia y de verdad… Porque de su plenitud tomamos todos, y gracia sobre gracia. Pues la ley por medio de Moisés fue dada, pero la gracia y la verdad vinieron por medio de Jesucristo» (Jn. 1:14, 16-17). Ahí está por primera vez su nombre humano. Y esto es lo que Jesucristo es: el Hijo del Padre, cuya gloria vimos. Puedes ver los vínculos; puedes ver las identificaciones.

El Verbo es el Hijo. El Hijo es Jesucristo. Y ahora nos sintonizamos con la teología del Evangelio de Juan. Pues bien, Juan, con maravillosa habilidad, usando palabras sencillas, nos ha dicho sin ambigüedades quién y qué es Jesucristo, el hombre.

La preexistencia del Verbo que es el Hijo es el punto de partida de la historia. Destaco esto porque algunos de nuestros sabios cristólogos modernos han cuestionado la preexistencia del Hijo en comunión personal con el Padre desde toda la eternidad. Sin embargo, es un punto desastroso de cuestionar. Es un punto esencial para afirmar. Si se cuestiona, si se pierde, entonces la verdad de la Trinidad se ha abolido de inmediato. Eso sin duda está claro, y nos vemos encerrados una vez más en la cristología humanista, la cual ve a Jesús como un hombre habitado por Dios y niega la verdadera encarnación, como en el libro de John Robinson, *The Human Face of God* (La cara humana de Dios).[3]

Hay una profunda confusión aquí, porque Robinson cuestiona la prexistencia personal del Salvador, pero cree que está siendo leal a la fe histórica, trinitaria y de encarnación de la Iglesia. En realidad, se trata de la misma confusión que atravesó su libro *Sincero para con Dios* quince años antes. Resulta ser realmente una confusión muy peligrosa, dañina y destructiva.

Identidad cristológica: Siervo sufriente

Pero ahí está. El Evangelio de Juan es perfectamente claro y explícito. Y también lo es el segundo pasaje al que deseo referirme aquí: Filipenses 2:5 y siguientes, ese famoso himno, que probablemente Pablo no escribió (nadie puede estar seguro al respecto), pero que, sin duda, hace suyo al incorporarlo al texto de Filipenses y hacer que sus declaraciones formen parte de su propio argumento.

La mayoría de las versiones dicen: «Haya, pues, en vosotros este sentir *que hubo* también en Cristo Jesús» (Fil. 2:5), pero la única

---

3. John A. T. Robinson, *The Human Face of God* (Filadelfia, PA: Westminster Press, 1973).

manera natural de traducir el griego es: «Haya, pues, en vosotros este sentir, que *es vuestro* en Cristo Jesús», que ya se ha producido en nosotros al haber sido creados de nuevo por medio del Espíritu Santo, a su imagen. Ahora expresemos, afirma Pablo, la idea central del pasaje. Y en este momento lanza el himno.

> Haya, pues, en vosotros este sentir [que es vuestro, que es instintivo, casi podría decirse] en Cristo Jesús, el cual, siendo en forma de Dios, no estimó el ser igual a Dios como cosa a que aferrarse, sino que se despojó a sí mismo, tomando forma de siervo, hecho semejante a los hombres; y estando en la condición de hombre, se humilló a sí mismo, haciéndose obediente hasta la muerte, y muerte de cruz (Fil. 2:5-8).

Un modelo de humildad es entregarse uno mismo de manera onerosa por el bien de los demás. La palabra traducida *forma* en la frase «forma de Dios» significa una apariencia, un conjunto de características externas que son una verdadera clave, un índice auténtico de la naturaleza de aquello cuya forma es.

Dos artículos que tengo frente a mí tienen forma de micrófono. ¿Por qué? Porque son micrófonos, por lo que resultaría apropiado, si yo estuviera hablando en griego, que utilizara la palabra *morfé* al afirmar que estos dos objetos tienen la forma de micrófonos. Y cuando expreso que Jesús era «en forma de Dios», *morfé* significa lo mismo. Él era Dios. Esto es lo que implica la frase.

Sin embargo, aun siendo Dios, Jesús se despojó a sí mismo y tomó la forma de siervo. Estas dos frases se explican entre sí: no estimar el hecho de ser igual al Padre como algo a qué aferrarse, y tomar la forma de siervo, es para el Dios eterno despojarse de dignidad, de gloria y de honra. Eso es lo que la frase significa.

Así Pablo continúa explicando que Jesús se hizo semejante a los hombres y, al encontrarse en forma humana, se humilló a sí mismo, descendió aún más bajo y se hizo obediente hasta la muerte. Bueno, no debo detenerme en este pasaje. Lo único que realmente deseo hacer es destacar el hecho de que empieza con una afirmación de la preexistencia del Hijo. Ahí es donde empieza la historia. Jesús estaba en la forma de Dios, pero descendió de esa condición.

No obstante, estoy seguro de que la frase «se despojó a sí mismo» al principio del versículo 7 ya te ha llevado a pensar en la teoría de la kénosis, la cual se fundamenta en gran medida, o se ha fundamentado mucho en el pasado, en esa frase. Y sin más preámbulos, debemos pasar ahora a la teoría de la kénosis.

Identidad cristológica: Hijo encarnado

Examinemos la teoría de la kénosis como una hipótesis sobre la encarnación para ver cómo se ajusta al testimonio de las Sagradas Escrituras. ¿De dónde provino esta teoría? Tuvo su origen en un grupo de luteranos del siglo xix, y luego en varios teólogos de habla inglesa que adoptaron la idea luterana. El obispo Charles Gore, teólogo católico liberal pionero en Inglaterra, la optimizó por primera vez en su ensayo en el libro *Lux Mundi*.[4] Hombres como el teólogo presbiteriano H. R. Mackintosh, el teólogo congregacionalista P. T. Forsyth y el teólogo metodista Vincent Taylor también la han retomado en épocas más recientes. Se trata realmente de una especulación trinitaria, como podrás ver, o de una hipótesis trinitaria, diría yo, para no anticiparme a mi veredicto.

La teoría

¿Qué es la teoría de la kénosis?

La teoría de la kénosis es un relato de la divinidad del Hijo encarnado a lo largo de su vida terrenal. ¿En qué consiste la teoría? Es una afirmación de que la deidad del Hijo encarnado, la deidad de Cristo Jesús, el hombre, era una deidad reducida. Yo me permitiría señalar, que se trata de una «deidad disminuida» a lo largo de su vida

---

4. Charles Gore, ed., *Lux Mundi: A Series of Studies in the Religion of the Incarnation* (1889).

terrenal, como consecuencia de una decisión antes de la encarnación, por la que los atributos metafísicos de omnipotencia, omnisciencia y omnipresencia fueron puestos en suspensión durante el período de la vida encarnada. Diferentes teóricos explican de maneras distintas cómo exactamente se pusieron en suspensión; no es necesario que nos ocupemos de eso por el momento. Basta decir que esa es la idea general, de modo que el Hijo de Dios que nació en este mundo, y cuyo nombre humano es Jesús, nunca fue en ningún momento omnipotente, omnisciente u omnipresente.

Por tanto, la tradición cristiana considera a Jesucristo como «Dios y más»: el Hijo de Dios y la plenitud de sus poderes, que adquiere en la encarnación una capacidad para todas las formas de la experiencia humana, sin ninguna disminución de su deidad. Por otro lado, la cristología humanista considera que Jesús fue «hombre y más»: hombre más la morada, más la unción, más el Espíritu Santo, aunque en ningún momento tuvo identidad divina.

La teoría de la kénosis asegura que Jesucristo es Dios y más, y Dios y menos. *Menos* ciertas capacidades que habían sido suyas antes, pero *más* todas estas nuevas capacidades para la experiencia humana, como afirma la cristología ortodoxa. Y, en realidad, la sospecha que sirve de base a la teoría de la kénosis en todos sus exponentes es que Jesús no podía haber entrado de lleno en ciertos aspectos de la experiencia humana si no se hubiera despojado de estos poderes divinos en su gloria, antes de tomar para sí la naturaleza humana.

¿Por qué se considera la teoría de la kénosis?

Anticipo la respuesta a la siguiente pregunta que planteo: ¿Por qué hay personas que adoptan esta teoría? ¿Qué las ha motivado a hacerlo? La primera respuesta a esa pregunta es que ellos creen que esta hipótesis explica ciertos fenómenos en los Evangelios, que no es fácil explicar en otros términos, por ejemplo, el conocimiento limitado que Jesús, el hombre, mostró en ciertos momentos.

Ilustro esto con la pregunta que Jesús hizo en la historia que se registra en Marcos 5:30, el relato de la mujer con hemorragia que se le acercó sigilosamente entre la multitud, lo tocó y fue sanada con ese toque. Jesús se detuvo y preguntó: «¿Quién ha tocado mis vestidos?». Y la forma natural de interpretar esto es suponer que no lo sabía en el momento de hacer la pregunta. El obispo Gore quiso formularlo de esta manera: Jesús, en su perspectiva de la naturaleza de las Escrituras, no era mejor ni diferente de cualquier teólogo judío educado de su propia época. Por ejemplo, Él supuso la autoría tradicional de Salmos 110, que citó como palabras de David: «Dijo el Señor a mi Señor: Siéntate a mi diestra, hasta que ponga a tus enemigos por estrado de tus pies» (Lc. 20:42-43). Sin embargo, expresó el obispo Gore, sabemos perfectamente que este es un salmo macabeo que data del siglo II a.C., y cuyo escritor para nada fue David. Por tanto, debemos darnos cuenta por esta pequeña evidencia de que Jesús, simplemente, no lo sabía y en este momento fue, digamos, la víctima. Pues bien, estos fenómenos y otros similares se explican mejor mediante la suposición de que el Hijo en su gloria, el Hijo cuyo nombre humano es Jesús, había hecho de lado su omnisciencia antes de convertirse en hombre.

Además, la segunda razón para adoptar esta teoría es que se afirma que solo desde esta perspectiva Jesús podía haberse involucrado en todas las experiencias de limitación que forman parte de lo que significa ser humano. Nadie puede conocer los límites de su propio discernimiento, conocer los límites de su propio poder, ni saber que, aunque le gustaría estar en otra parte en este preciso momento, no puede hacerlo. Si el Hijo no hubiera abandonado la omnipotencia, la omnisciencia y la omnipresencia, no habría conocido esa limitación como parte integral de su vida; y por tanto se dice que esto es parte de lo que significa ser humano.

La tercera razón es que los defensores de esta teoría afirman que la idea de que el Hijo se desprende y separa de sus poderes divinos y los abandona en esta forma da más esencia al pensamiento del gran amor y la gran condescendencia que mostró al hacerse hombre por nuestra salvación. Según ellos, esto pone de manifiesto parte de la dimensión del significado de 2 Corintios 8:9: «Ya conocéis la gracia de nuestro Señor Jesucristo, que por amor a vosotros se hizo pobre, siendo rico, para que vosotros con su pobreza fueseis enriquecidos».

¿Es bíblica la teoría de la kénosis?

Ahora planteo la tercera pregunta. Empecemos probando la hipótesis. ¿Hay algún pasaje bíblico que apoya esta teoría? ¿Hay alguna afirmación bíblica directa que la respalde? Aquí creo que nuestra respuesta tiene que ser «no». Como vimos hace un momento, Filipenses 2:7 («se despojó a sí mismo») se refiere al abandono de la gloria, la dignidad y la honra divinas, que implicó el hecho de que el Hijo tomara la forma de siervo para cumplir el modelo de Isaías 53.

Y 2 Corintios 8:9: «Se hizo pobre, siendo rico, para que vosotros con su pobreza fueseis enriquecidos», habla también del Salvador, que descendió a la tierra para vivir y morir como un hombre pobre, y se convirtió en marginado y bandido para la sociedad de su época. Pero no existe ninguna afirmación bíblica sobre el abandono de los atributos metafísicos.

En realidad, ninguna declaración bíblica que se pueda encontrar muestra el más leve interés en tal idea, lo que demuestra que esa idea nunca pasó por la mente de un escritor bíblico. No, esta es una especulación.

> *Ninguna declaración bíblica que se pueda encontrar muestra el más leve interés en [la kénosis], lo que demuestra que esa idea nunca pasó por la mente de un escritor bíblico... es una especulación.*

¿Es necesaria la teoría de la kénosis?

Ahora hago una cuarta pregunta. ¿No es, en realidad, una especulación muy incómoda, que plantea nuevos interrogantes para los cuales no se puede encontrar una buena respuesta y, de hecho, al examinarla de nuevo no resuelve ninguna? Pregunto: ¿No es esta teoría muy audaz en lo que se aventura a decir sobre la psicología de Dios encarnado, Jesús hombre? De acuerdo, no hay duda alguna de que Él experimentó limitaciones humanas. No obstante, ¿es realmente necesario suponer que Él sabía que no podía saber más de lo que conocía, que sabía que no podía hacer más de lo que estaba haciendo, etc., para haber participado de tales experiencias?

¿QUÉ PASÓ CON LA OMNISCIENCIA DIVINA?

Voy a sugerir por un instante que la omnisciencia divina no era muy necesaria. En un momento brindaré una hipótesis alternativa que considero más bíblica, relacionada con aquellas ocasiones en que nuestro Señor declaró que no sabía ciertas cosas. Pero por un instante me limitaré a formular la pregunta: ¿No es audaz afirmar que Jesús debió haber sabido que no podía saber ciertas cosas?

Sin duda debió haber cosas que Él sabía que podía haber hecho y no hizo. Mateo 26:53 es un ejemplo: «¿Acaso piensas que no puedo ahora orar a mi Padre, y que él no me daría más de doce legiones de ángeles?». Pero no voy a hacer eso, afirmó nuestro Señor. No voy a hacerlo. ¿Es realmente necesario suponer que no ocurre lo mismo en el caso de que nuestro Señor no conociera ciertos hechos? Regresaremos a eso en un instante.

¿QUÉ PASÓ CON LA TRINIDAD?

Ahora formularé otra pregunta. ¿No es audaz esta especulación en la forma en que concibe la vida de la Trinidad divina? ¿Qué le sucedió, preguntamos, a las funciones cósmicas de sustentar el universo, que Él creó por medio de la palabra de su poder, esas funciones cósmicas que se le atribuyen al Hijo de Dios en varios pasajes teológicos de las Escrituras? Uno de ellos es Colosenses 1, otro es Hebreos 1, etc. ¿Qué pasó con el universo mientras el Hijo estaba en la tierra, desprovisto de su omnipotencia y omnisciencia? El finado arzobispo William Temple insistió en esta crítica. Él afirmó que, en términos de una teoría, lo que debió haber resultado habría sido un caos cósmico.

Vincent Taylor cree saber la respuesta a esa pregunta. Afirma que, sin duda, los recursos de la Trinidad podrían haber enfrentado este problema particular. Pero esa solo es una frase altisonante, una frase que parece pontificia, que oculta esta idea, que expreso deliberadamente en forma coloquial para devolverla a la realidad: Que hubo un acuerdo entre el Padre y el Hijo, o quizás entre el Padre, el Espíritu y el Hijo, en que el Padre y el Espíritu asumirían el trabajo del Hijo mientras este estaba ausente.

Bueno, sé que cuando, por ejemplo, una persona como yo no me encuentro en la universidad, un colega puede estar en algunas de mis conferencias por mí, pero creo que decir esto es algo muy audaz. Va mucho más allá de cualquier suposición bíblica, pero aspectos similares ocurren dentro de la unidad de los tres en uno. Pienso que esta es una fantasía mitológica, si es que alguna vez la hubo, y no me la creo.

¿Qué pasó con la doble naturaleza de Cristo?

¿No está esta idea abierta a la crítica de ser monofisismo a la inversa? ¿Conoces la palabra *monofisismo*? Es una herejía. Es la herejía de que el Salvador tenía solo una naturaleza y no dos. Pregunto: ¿No mutila a tal grado esta teoría la deidad del Salvador que no se puede afirmar que Él fuera totalmente divino durante su vida en la tierra? Formulo esta inquietud.

¿Qué pasó cuando Cristo regresó al cielo?

Como cuarto punto, cuestiono si esta hipótesis no se niega a sí misma de esta manera: La suposición es que, a fin de entrar en la plenitud de la experiencia humana en la tierra, el Hijo debió renunciar a algunos de sus poderes divinos. Pregunta: ¿Qué sucede cuando el Hijo regresa a la gloria? Los teóricos de la kénosis enfrentan ahora un dilema.

Estos individuos deben aseverar una de dos afirmaciones. Deben expresar que el Hijo recuperó aquellos atributos metafísicos, que hasta entonces no había tenido, en cuyo caso el problema surge al instante. ¿Cómo puede ser eso? ¿Cómo puede ser realmente humana su experiencia en la gloria? O bien tiene que decir que en la medida en que la experiencia del Salvador sigue siendo verdaderamente humana, Él nunca recupera en absoluto esos atributos metafísicos. Perdona mi lenguaje práctico, pero creo que este es un dilema en cuyos cuernos se ven inevitablemente ensartados los teóricos de la kénosis. Deseo plantearlo de tal modo que haga que el punto (o debería decir las puntas de los cuernos) sea lo más nítido posible.

Creo que conviene hacerlo en aras de la claridad. Ninguno de los dos extremos del dilema me parece aceptable en absoluto según los principios de la kénosis; si bien no reconozco el problema que esta teoría pretende resolver, el dilema no me afecta.

¿Existe una explicación mejor?

Intentemos ahora ser positivos y constructivos. ¿No hay una explicación mejor que la kenótica de las limitaciones (el conocimiento limitado, por ejemplo) que Jesús mostró en el transcurso de su vida terrenal? Creo que la hay. A fin de preparar el camino para lo que voy a exponer, te pido que recuerdes que, aunque hubo ocasiones en que Jesús manifestó desconocimiento de los hechos, hubo también momentos en que exhibió conocimiento sobrenatural, como cuando, por ejemplo, vio a Natanael debajo de la higuera; cuando predijo la traición de Judas y habló de ella muy libremente en Juan 13 y en otras partes; y cuando le dijo a la mujer samaritana que sabía todo acerca de los cinco maridos que ella había tenido, aunque nunca antes la había visto. Estos hechos también deben explicarse.

El esclarecimiento que demos debe explicar estos hechos, así como los momentos de desconocimiento. Ahora escudriño las Escrituras y leo pasajes como este. Dos mensajes del Señor mismo, el primero en Juan 6:57: «Yo vivo por el Padre». Y otra vez, en Juan 5:19: «No puede el Hijo hacer nada por sí mismo, sino lo que ve hacer al Padre». Pregunto: ¿No pueden estos pasajes dar una pista del modo en que debemos entender el testimonio de nuestro Señor sobre el conocimiento limitado cuando estuvo en la tierra? Sugiero que la pista para comprender esto es la realidad de su dependencia de la voluntad del Padre, porque en cada nivel Él actúa en la eternidad como agente del Padre en la creación, y luego en el sustento del mundo que creó. También actúa en el tiempo como el Hijo encarnado, trayendo cosas a la mente o haciendo todo lo que corresponda con nuestro acto mental de traer a la mente diferentes aspectos. Se trata de saber cosas, quiero decir, y de actuar basándose en lo que se sabe. Insinúo que esto es totalmente congruente con todo el resto del testimonio de las Escrituras sobre la dependencia que el Hijo tiene del Padre durante toda su vida. Es congruente con lo que el Hijo no debía saber, es decir, que no debería tener en mente lo que el Padre no deseaba en ese momento que tuviera en mente.

En Marcos 13:32 tenemos la confesión de ignorancia que quizás ha ocasionado el debate más intenso. Jesús está hablando del momento de su regreso, y declara: «Pero de aquel día y de la hora nadie sabe, ni aun los ángeles que están en el cielo, ni el Hijo, sino el Padre». ¿Debemos explicar eso en cuanto al abandono de la omnisciencia por parte del Hijo antes de la encarnación, o en cuanto a que el Hijo sabe que no es la voluntad del Padre que Jesús tuviera la fecha en la mente y, por tanto, no la tenía en ese momento? ¿Así de simple? La inmediatez y plenitud de la dependencia que Jesús tenía de la iniciativa del Padre para los pensamientos, las palabras y las acciones del Hijo es algo que seguramente debe considerarse dentro de los misterios de la Divinidad, una realidad que confesamos sin poder entenderla por completo.

Pero me parece que gran cantidad de pasajes en los Evangelios atestiguan que esto es así, que existe esta total dependencia. Así que te ofrezco esto como una explicación alternativa del hecho de que hubo ocasiones en que Jesús no tuvo conocimiento que el Padre omnisciente sin duda conocía. Recomiendo esto porque, entre otras cosas, explica aquellas ocasiones en que el Hijo encarnado sí sabía y declaraba ciertos asuntos que nadie le había dicho y que, por tanto, se tendría que decir que los conocía de manera sobrenatural. Tanto el conocimiento sobrenatural como estar consciente de que no era la voluntad del Padre que Él conociera algunos aspectos, provenían de la misma fuente.

En ambos casos, se ve que el Hijo sabe y hace lo que es la voluntad del Padre para el Hijo. Creo que esta es una explicación mejor de los datos que, en primera instancia, dieron lugar a esta teoría. También creo que puedo sugerir una respuesta mejor a la pregunta relacionada con las funciones cósmicas del Hijo de Dios durante el tiempo de la encarnación. Una vez más confieso que te estoy ofreciendo solo una hipótesis, que puedes considerar especulativa. Sin embargo, me parece que es preferible a aquella con la que colaboran los canonistas. Esta es una hipótesis que se remonta al menos a Atanasio. También la sostuvo vigorosamente el arzobispo William Temple entre los modernos. Y no es el único.

Se expone así: que cuando el Hijo de Dios se hizo hombre, su vida (su existencia mental consciente, personal y activa) fue conducida, por así decirlo, temporalmente al menos, desde dos centros de conciencia: uno cósmico y otro no. Uno encarnado, es decir, de modo que Él fue, para usar la frase que utilizó Calvino, y planteando la noción, «totalmente incompleto en la carne y completo fuera de la carne, *totus incarnate, totus extra carnate*». En efecto, fue el Hijo quien seguía sustentando todas las cosas por la palabra de su poder, pero no como parte de la vida personal mental de Jesús de Nazaret. Tal vez podrías creer que eso es demasiado especulativo, y no puedo probarlo. Solo puedo señalar el hecho de que no hay nada en la imagen de Jesús en los Evangelios que sugiera que parte de su vida mental tenía que ver con el acto de sustentar todas las cosas desde donde Él se encontraba, por así decirlo, en Galilea en ese momento.

Misterio divino

Pues entonces, me conformaré con mucho gusto con la posición que tendrás que tomar, es decir, que esto es un misterio completo, y haríamos bien en no hacer ningún intento de entender cómo podría ser. Basta con reconocer por las Escrituras que es un misterio y dejar así el asunto. Pero si se trata de especular por especular, insisto en que esta hipótesis más antigua funciona mejor que la kénosis, que tampoco estamos obligados a aceptar.

Bueno, este es el resultado de mi examen de la teoría de la kénosis. No la prueban las Escrituras. Es especulativa. Se trata de una especulación que crea nuevos problemas y deja antiguos problemas sin resolver. Es una especulación que, insisto, no podemos considerar como satisfactoria o atractiva en absoluto, muy aparte del asidero que les concede a los escépticos que quieren hacer uso de ella para flanquear el testimonio de nuestro Señor sobre el carácter divino de las Santas Escrituras, un punto muy importante, sin duda, para todo el pueblo evangélico.

Amor divino

Mi argumento ha llegado ahora a su fin. Concluyo con una simple observación final sobre la divinidad de Jesús y el evangelio tal como nos lo presenta todo el testimonio coherente del Nuevo Testamento. A partir del Nuevo Testamento deseo afirmar, para terminar, que los motivos de aquellos primeros defensores de la kénosis eran correctos, que al menos había algo en lo que tenían razón.

Ellos querían magnificar, glorificar y resaltar el amor, el amor divino que se mostró en la encarnación y en la cruz del Hijo de Dios. En eso estaban en lo cierto absolutamente. La Biblia señala siempre la cruz como la medida del amor, tanto del Padre como del Hijo.

El mensaje de Cristo crucificado es del increíble amor divino (increíble, salvo que es real) que se manifiesta en sorprendente sacrificio y entrega de sí mismo por nuestra salvación. Y me atrevo a decir esto: mucho más objetable que lo que creo que es el error kenótico es la aceptación monótona y práctica de la encarnación en la cruz, de la cual temo que algunos de nosotros somos culpables. Me refiero a esa aceptación monótona y práctica de la encarnación, mediante la cual simplemente ponemos una marca mental en su contra. «Sí, eso es verdad. Es un hecho». Y podemos reflexionar al respecto y cavilar en el tema de aquí para allá.

4

Un intercambio maravilloso

La obra de Jesucristo

¿Cómo debemos exponer la cruz hoy día, frente a la sorprendente variedad de opiniones que se proponen con relación a la obra personal de Jesucristo? Hemos reflexionado en nuestras tres primeras conferencias respecto a la persona del Salvador, pero ahora reflexionaremos en su obra expiatoria. Como título para este capítulo, «Un intercambio maravilloso», tomo prestada la frase directamente de Martín Lutero. En realidad, me parece una expresión excelente para describir de qué estamos hablando, de lo que a Pablo le interesaba enseñarnos cuando hablaba del Cristo crucificado. He aquí una cita de Lutero que nos muestra cómo utilizó la frase.

Un intercambio maravilloso

Lutero escribe:

> Este es el misterio que está lleno de gracia divina para los pecadores: en el que por un intercambio maravilloso nuestros pecados ya no son nuestros, sino de Cristo, y la justicia de Cristo no es de Él sino nuestra. Cristo se despojó a sí mismo de su justicia para revestirnos y llenarnos de ella. Y Él llevó sobre sí nuestras transgresiones para que pudiéramos

librarnos de ellas… de la misma manera que se afligió y sufrió por nuestros pecados, y fue condenado, asimismo nos regocijamos y gloriamos en su justicia.[1]

Veamos un poco más de Lutero cuando explica primero lo que cree que le sucedió a Jesucristo. Aquí presenta explicaciones sobre Gálatas 3:13: «Cristo nos redimió de la maldición de la ley, hecho por nosotros maldición». Esta es la primera etapa en el intercambio maravilloso según Lutero entendía el asunto. Vuelvo a citarlo:

Todos los profetas predijeron en el espíritu que Cristo llegaría a ser el más grande transgresor, asesino, adúltero, ladrón, rebelde y blasfemo que jamás haya existido o pueda existir en el mundo. Porque al haberse hecho sacrificio por los pecados de todo el mundo, ahora no es una persona inocente y sin pecados… Nuestro Padre compasivo… envió a su Hijo unigénito al mundo, y cargó sobre Él los pecados de todos los seres humanos, diciendo: Sé Pedro, el negador; sé Pablo, el perseguidor, blasfemo y cruel opresor; sé David, el adúltero; sé el pecador que comió del fruto en el Edén; sé ese ladrón que colgó de la cruz; y en resumen, sé aquel que ha cometido los pecados de todos los seres humanos: procura por tanto pagar y cumplir por ellos. Ahora he aquí viene la ley y expresa: Te declaro un pecador… por lo que debes morir en la cruz. Y entonces se le abalanza y lo extermina. Por este medio todo el mundo es purificado y limpiado de todos los pecados y liberado de la muerte y de todos los males.[2]

---

1. Martín Lutero, *D. Martin Luthers Werke* (Weimer, 1883), 5:608.
2. Martín Lutero, *A Commentary on St. Paul's Epistle to the Galatians*, ed. Philip S. Watson (Londres: James Clarke, 1953), pp. 269-71.

Primera etapa: Sustitución

Ese es un discurso eufórico, pero podemos ver lo que Lutero quiere transmitir. Él está explicando lo que llamamos sustitución, Cristo en nuestro lugar. Calvino, en un lenguaje más sobrio y cauteloso, resaltó el mismo punto cuando, en su *Institución*, amplió aquellas palabras del credo: «Padeció bajo el poder de Poncio Pilato». Helo aquí, comentando sobre el juicio de Jesús ante Pilato. Cito a Calvino:

> «Cuando Jesús fue presentado ante un tribunal, acusado y presionado por testimonio, y sentenciado a muerte por las palabras de un juez, sabemos por estos registros», que es por la narración de estos hechos, que Él representó o cumplió el papel «de un malhechor culpable... vemos el papel de pecador y criminal representado en Cristo; sin embargo, por su brillante inocencia se hace evidente que fue cargado con la maldad de los demás en lugar de la suya propia. Esta es nuestra absolución: que la culpa que nos expuso al castigo fue transferida a la cabeza del Hijo de Dios».[3]

De nuevo, Calvino declara: «Cristo, para pagar el precio de nuestra redención, se ha puesto en nuestro lugar».[4]

Segunda etapa: Reconciliación

Vemos otra vez aquí a Lutero, hablando de la segunda etapa del intercambio maravilloso. Escribe una carta pastoral a un amigo suyo, George Spenlein, quien experimentaba problemas de espíritu y le había escrito a Lutero una carta muy triste donde expresaba su sentimiento de dolor, angustia y alarma a causa de su propia pecaminosidad continua. Lutero le respondió en estos términos:

---

3. Juan Calvino, *Institución de la religión cristiana*, II.16.5.
4. Calvino, *Institución,* II.16.7.

Aprende a Cristo y a este crucificado. Aprende a alabarlo, y desesperado por ti mismo, declara: «Tú, Señor Jesús, eres mi justicia, y yo soy tu pecado. Has echado sobre ti lo que me pertenece, y me has dado lo que te pertenece. Has puesto sobre ti lo que no eras, y me has dado lo que yo no era».[5]

Según Lutero, ese es el intercambio maravilloso: nuestros pecados sobre Cristo y su justicia sobre nosotros. Y podemos apreciar lo que Lutero está haciendo aquí. Desarrolla, explica y elabora la caída, que Pablo explicó primero al final de 2 Corintios 5:19-21. El apóstol manifiesta: «Dios estaba en Cristo reconciliando consigo al mundo». Pregunta: ¿Cómo estaba Dios haciendo eso? Respuesta: la frase siguiente: al no imputar, al no tomar en cuenta los pecados a los seres humanos. «Dios estaba en Cristo reconciliando consigo al mundo, no tomándoles en cuenta a los hombres sus pecados». ¿Cómo hizo Dios eso? ¿Cómo pudo haberlo hecho?

«Al que no conoció pecado [Jesucristo, Dios el Hijo] por nosotros [Dios el Padre] lo hizo pecado, para que nosotros fuésemos hechos justicia de Dios en él» (2 Co. 5:21). Algunos comentaristas explican la frase «lo hizo pecado» en el sentido de que lo hizo ofrenda por el pecado. Eso sin duda alguna es parte de la verdad. En cuanto a la gramática, es un punto de vista perfectamente posible del significado completo de la frase, pero el flujo del pensamiento en el contexto me hace creer que en realidad no es el significado completo de la frase. Acabamos de leer que Dios en Cristo reconcilió al mundo consigo mismo al no tomarles en cuenta a los seres humanos sus pecados. Considero que Pablo explica aquí cómo ocurrió eso. Cuando afirma que el Padre hizo pecado al Hijo, quien nunca pecó, quien no conoció pecado en su propia experiencia personal, de lo que está hablando es de que el Hijo de Dios fue hecho pecado al imputársele nuestros pecados. Y creo que esto lo confirma el flujo de pensamiento hacia la segunda mitad del versículo.

---

5. Lutero, *Werke*, 48:12.

Pablo sigue explicando que Dios hizo esto «para que nosotros fuésemos hechos justicia de Dios en él» (2 Co. 5:21). Aquí Pablo, como varias veces en sus escritos, pone un sustantivo abstracto donde pudimos haber esperado un adjetivo. Nos dice que «fuésemos hechos justicia de Dios», donde podríamos haber esperado que dijera que «llegáramos a ser justos delante de Dios». Me parece que la manera natural de interpretar las palabras de Pablo es precisamente en función de la idea del intercambio maravilloso que Lutero ha extraído. Dios lo hizo pecado al imputarle nuestros pecados para que en Él, en unión con Él, pudiéramos llegar a ser la justicia de Dios; es decir que pudiéramos llegar a ser justos ante los ojos de Dios mediante la justicia que se nos imputa, que se nos reconoce.

> *Dios en Cristo reconcilió al mundo consigo mismo al no tomarles en cuenta a los seres humanos sus pecados.*

Locura, frenesí o sea lo que sea

Por tanto, interpreto estas palabras igual que Lutero. E igual que Richard Hooker, ese teólogo anglicano clásico, cuando al final de su sermón erudito sobre la justificación, en una frase maravillosa declaró: «Que las personas lo consideren locura, frenesí o sea lo que sea… No nos interesa ninguna sabiduría, ningún conocimiento en el mundo, sino esto: que el ser humano ha pecado y Dios ha sufrido; que Dios mismo se ha vuelto el pecado de los humanos, y que estos son hechos la justicia de Dios».[6]

Considero que esto es lo que Pablo quiso decir cuando habló de Cristo crucificado. Así entendió la mediación del Señor Jesús, ese ministerio que Cristo cumplió como intermediario entre Dios, el

---

6. Richard Hooker, «Sermon on Habakkuk 1:4», (1585), en *The Works of Richard Hooker*, ed. John Keble, 5.ª ed. (Oxford, Oxford University Press, 1865), 3:490-91.

Juez justo, y el ser humano, el pecador arruinado, uniendo a ambos al eliminar del camino los obstáculos que los mantenían separados.

Tales obstáculos son la culpa de nuestros pecados. Y Él la quitó de en medio. Así se logró la reconciliación, y Dios y el hombre se unieron. Leo mi Nuevo Testamento, y encuentro que la cruz es su pieza central, de principio a fin. Encuentro eso en la declaración de Pablo en Gálatas 6:14: «Lejos esté de mí gloriarme, sino en la cruz de nuestro Señor Jesucristo».

Categorías de la cruz

Jesucristo es, en realidad, una expresión de la naturaleza de todo el Nuevo Testamento. Para explicar la cruz, el Nuevo Testamento utiliza muchas imágenes, muchas categorías, muchos modos de pensamientos mezclados entre sí. Estas diversas categorías y estos diversos modos de pensamiento sirven para enriquecer nuestro entendimiento de la cruz y su significado.

Sacrificio

La cruz se representa, por ejemplo, como sacrificio, según veremos más a fondo en un momento, siempre que oigamos hablar de la sangre de Cristo. Al hablar de la sangre de su cruz, se invocan ideas de sacrificio.

Rescate

De igual manera, la cruz se representa como un rescate; no es solamente un sacrificio por los pecados, sino una compra que nos libera del cautiverio y el peligro, como lo hace el pago de un rescate. Una vez más, la cruz se representa en el Nuevo Testamento como victoria, triunfo sobre el diablo y las fuerzas demoníacas. Jesús se hizo igual a nosotros «para destruir por medio de la muerte al que tenía el imperio de la muerte, esto es, al diablo», cuyo poder Cristo destruyó con el fin de «librar a todos los que por el temor de la muerte estaban durante toda la vida sujetos a servidumbre» (He. 2:14-15).

Colosenses 2:15 concuerda con que Cristo, «despojando a los principados y a las potestades, los exhibió públicamente, triunfando sobre ellos en la cruz». Al menos a los ojos de la fe, está claro que Cristo triunfó en la cruz sobre las huestes demoníacas y las exhibió como su conquistador. Lo que el mundo ve al mirar la cruz es lo que ve el ojo de la fe. Cristo deshizo las fuerzas del mal, triunfando sobre ellas en la cruz. Ahí está la idea de la victoria.

Redención

De nuevo, la cruz de Cristo se representa en el Nuevo Testamento en términos de redención, un precio pagado por la libertad de un esclavo. Ya hemos notado el uso de Pablo de la categoría de reconciliación, la palabra que habla de la reparación de nuestra relación destruida y el establecimiento de la paz donde antes había enemistad.

> *La cruz se representa como un rescate; no es solamente un sacrificio por los pecados, sino una compra que nos libera del cautiverio y el peligro, como lo hace el pago de un rescate.*

Propiciación

También se encuentra en el Nuevo Testamento el término *propiciación*. Tomo la propiciación en el sentido que, en realidad, la creencia en la ira de Dios nos obliga a tomar. La propiciación, según el trasfondo del uso en el griego secular, y también en el griego del Antiguo Testamento, significa eliminar la ira de Dios quitando lo que la evoca. Y creo que eso es precisamente lo que significa decir que la cruz de Cristo fue una propiciación por nuestros pecados. Lo que provocaba la hostilidad judicial personal de Dios hacia nosotros los pecadores fue eliminado, específicamente la culpa de nuestro pecado.

Propiciación es una palabra que expresa la idea compleja del aplacamiento de la ira de Dios al eliminar aquello que la evoca, es decir, al eliminar nuestros pecados. Esto es parte de la gloria de la cruz. Los escritores del Nuevo Testamento nos presentan la cruz en todos estos términos. Y al leer estos pasajes, me veo obligado a afirmar lo que la corriente principal de la teología protestante ha afirmado durante siglos y más, o sea, que la idea básica (la noción fundamental que subyace a todas las demás nociones que se refieren al logro de la cruz) es de la sustitución.

Sustitución

El Hijo de Dios, que por nosotros y por nuestra salvación se había hecho hombre, soportó la sentencia que un Dios santo había pronunciado contra nuestros pecados, a fin de que los culpables (tú y yo, los ofensores) pudiéramos quedar libres, perdonados nuestros pecados, y enderezada nuestra relación con Dios, que es lo que significa la frase «justos delante de Dios» o «la justicia de Dios».

No me veo capaz de dudar de que la noción de sustitución penal (o satisfacción penal, como solía expresarse) es realmente el núcleo del mensaje de la cruz del Nuevo Testamento.

Satisfacción

Ahora quiero decir algo al respecto del término *satisfacción*. Se trata de una palabra que se ha utilizado desde los primeros días en la teología cristiana de la expiación. Llegó por primera vez a la teología desde el derecho romano. Significaba aquello que se hace para cancelar una obligación legal. Anselmo, uno de los teólogos cristianos pioneros de la expiación en el siglo XI d.C., interpretó la noción de la muerte de Cristo como una satisfacción por el pecado en función de lo que hoy llamaríamos daños y perjuicios: una ofrenda hecha a Dios para satisfacer su honra y su dignidad, que nuestros pecados habían ultrajado. Lutero, de manera más bíblica, expuso la satisfacción no en términos de compensación por el pecado, sino más bien de sustitución penal: Cristo se somete al juicio por nuestros pecados. Esto es exactamente aquello de lo que habla el Nuevo Testamento.

De esto también habla el *Libro de Oración Común* escrito en 1662. Cuando en el servicio de comunión se nos ordena orar, nos enseña a agradecer a Dios por su tierno amor hacia la humanidad, que lo llevó a entregar a su Hijo, quien «allí hizo, mediante su ofrenda única de sí mismo ofrecida una sola vez, un sacrificio pleno, perfecto y suficiente de expiación y satisfacción» por nuestros pecados.

Este es el mismo lenguaje utilizado por el Catecismo de Heidelberg a finales del siglo XVI, cuando enseñó al cristiano a declarar: «Mi único consuelo tanto en la vida como en la muerte es que le pertenezco a mi fiel Salvador Jesucristo, quien con su preciosa sangre hizo satisfacción por todos mis pecados».

Satisfacción es la palabra antigua, y creo que fue buena. Expresa la idea de que Cristo hizo todo lo que se debía hacer para que nuestros pecados fueran borrados de la vista de Dios.

¿Es bíblica la satisfacción penal?

Muchos en nuestra época han cuestionado el carácter bíblico de esta comprensión de las cosas y, con la ayuda de la exégesis y de razonamientos teológicos más generales, han insistido en que al expresarlas estamos malinterpretando el testimonio del Nuevo Testamento. Por tanto, quiero dedicar la parte central de este capítulo a reivindicar contra sus críticos la importancia del tema que acabo de plantear. ¿Es bíblico o no este punto de vista, la sustitución penal (que la he llamado por su nombre antiguo: satisfacción penal)? Esa es la pregunta.

Paso a ofrecer mi respuesta a la sospecha de que no es una perspectiva bíblica. Al leer a Pablo, quien es el expositor más esmerado de la expiación en el Nuevo Testamento, discernimos cierta jerarquía de conceptos. Él ve la cruz, la crucifixión de Jesucristo en que el apóstol se gloría, como logro de la *redención* (es decir, liberación del mal y de la esclavitud) porque logra la *justificación*, la cual trae el perdón y una posición justa delante de Dios. Logra la justificación porque obtiene *reconciliación*. Hace la paz entre nosotros y Dios. Alcanza la reconciliación por ser un acto de *propiciación*, que aplaca la ira de Dios al quitar los pecados. Y logra la propiciación tal como obtiene redención, reconciliación y justificación por ser un acto de derramamiento de sangre, lo cual es un acto de *sacrificio*.

Pablo habla en Efesios 1:7 de nuestra redención por medio de la sangre de Jesús. En Romanos 5:9 se refiere a que somos «justificados en su sangre». En Colosenses 1:20 comenta que Cristo nos reconcilió con Dios, «haciendo la paz mediante la sangre de su cruz». En Romanos 3:25 explica que Dios presentó al Salvador «como propiciación por medio de la fe en su sangre». Según hemos dicho, esa palabra *sangre* apunta al sacrificio y a los rituales del Antiguo Testamento, donde la sangre de animales era derramada por los pecados de los seres humanos. Preguntamos: ¿Cuál era el significado del derramamiento de sangre en el sacrificio?

Sustitución penal en el Antiguo Testamento

Esto se ha debatido mucho en nuestra época. A principios de este siglo, era común afirmar que el significado del derramamiento de sangre no era, como los estudiantes de la Biblia solían creer, el medio por el cual se entregaba vida en muerte a modo de ofrenda expiatoria. Más bien, que por este medio una fuerza vital, una especie de *maná*, una clase de energía, se liberaba del animal en que había residido para revigorizar la relación entre los hombres y Dios, que el pecado había debilitado y obstruido. Esa idea es ahora anticuada, en parte como resultado de la muy brillante obra de Leon Morris.[7] Pero en realidad, es difícil leer la Biblia en forma comprensiva y no sentir, no vernos obligados de veras a juzgar, que el significado del derramamiento de sangre es, con toda seguridad, el medio por el cual la vida se entrega en muerte como ofrenda sustitutiva para expiar el pecado.

En Levítico 17:11 vemos que Dios dice por medio de Moisés, con relación a los rituales de sacrificio en el Antiguo Testamento: «La vida

---

7. Véase Leon Morris, capítulo 2, «Sacrifice», en *The Atonement: Its Meaning and Significance* (Downers Grove, IL/Leicester, Inglaterra: Inter-Varsity Press, 1984).

de la carne en la sangre está, y yo os la he dado para hacer expiación sobre el altar por vuestras almas; y la misma sangre hará expiación de la persona».

Eso podría interpretarse como que la sangre hace expiación debido a la liberación de energía vital para restaurar la relación, aunque no creo que ese sea un punto natural de vista, ni que el contexto la sugiera. Pero creo que se convierte en una perspectiva muy antinatural cuando se relaciona este pasaje de Levítico con algo en Números 35:31-34. Aquí Dios, por medio de Moisés, establece reglas respecto a las ciudades de refugio. Dios manifiesta:

> No tomaréis precio por la vida del homicida, porque está condenado a muerte; indefectiblemente morirá. Ni tampoco tomaréis precio del que huyó a su ciudad de refugio, para que vuelva a vivir en su tierra, hasta que muera el sumo sacerdote. Y no contaminaréis la tierra donde estuviereis; porque esta sangre amancillará la tierra, y la tierra no será expiada de la sangre que fue derramada en ella, sino por la sangre del que la derramó. No contaminéis, pues, la tierra donde habitáis, en medio de la cual yo habito; porque yo Jehová habito en medio de los hijos de Israel.

La contaminación (lo que obstaculiza la comunión entre Dios y su pueblo en la tierra) solo se elimina mediante el derramamiento de la sangre del homicida. A menos que realmente el homicida permanezca, durante toda la vida del sumo sacerdote, en su ciudad de refugio, que es la excepción que Dios hizo.

De lo contrario, la única manera en que se puede eliminar la contaminación que produce en la tierra el derramamiento de sangre en el homicidio es mediante el derramamiento de la sangre del homicida.

Eso parece retribución, ¿no es así? Parece que es hacer justicia por la que Dios queda satisfecho. Eso no nos lleva en absoluto al mundo de pensamiento en que se libera vida para renovar o revitalizar una relación. No, la contaminación se elimina. Esa es la esfera de pensamiento en la que Levítico 17:11 también se mueve.

Tal impresión se confirma firmemente al observar los rituales de sacrificio. Veamos por ejemplo la ofrenda regular por la transgresión. ¿Cómo se hacía? Cuando el adorador se acercaba, esa es la frase que se usa, y se refiere a cuando acudía al santuario. Se acercaba con una víctima perfecta, un animal sin defecto, ponía la mano sobre la cabeza del animal y lo mataba allí en el santuario. Luego el sacerdote drenaba la sangre y la derramaba sobre uno de los altares en el santuario. El significado de esa acción, sin duda, es como un testimonio para Dios (una muestra, una manifestación, una demostración) de que se ha tomado la vida de acuerdo con la ordenanza de Dios como expiación y propiciación por el pecado cometido.

O veamos el ritual del día de la expiación, del cual habla mucho el escritor de Hebreos en el capítulo 9. Cuando damos nuestras charlas en nuestra escuela dominical sobre el día de la expiación, por alguna razón siempre nos enfocamos en el chivo expiatorio. Pues bien, los pecados del pueblo se confesaban sobre uno de los dos animales que se habían tomado, el chivo expiatorio. Y luego se lo expulsaba del campamento, llevando consigo los pecados de Israel, cargando los pecados del pueblo. Pues bien, pero lo que debemos recordar es que lo que se hacía con un chivo expiatorio solo era parte del ritual. Había dos cabras, no solo una. La segunda cabra se sacrificaba sobre el santuario. Y según nos recuerda el escritor de Hebreos, esa era la única ocasión cada año en que el sumo sacerdote entraba al Lugar Santísimo. Esta era en sí una ilustración y exhibición divinamente dada para que el pueblo viera y aprendiera de lo que realmente se conseguía mediante la muerte de la otra cabra.

Era el derramamiento de sangre en el día de la expiación el que, de acuerdo con la ordenanza de Dios, garantizaba el perdón de los pecados del pueblo durante ese año anterior. Por la teología del Nuevo Testamento, sabemos que estos sacrificios tenían su eficacia por medio de la sangre de Cristo que iba a ser derramada, pero que cubría los pecados cometidos antes de la venida de Cristo, así como cubre los pecados cometidos desde que Cristo vino.

Pero ese no es el punto en el que me enfoco ahora, sino en que Dios asoció el perdón de pecados con el derramamiento de sangre, el vaciado de vida en muerte. Y por tanto, en ese gran pasaje profético en que se representa al siervo de Dios como ofrenda por el pecado, se le golpea, se le mata y su muerte es por los pecados del pueblo de Dios. Por eso Isaías 53:10 declara que Dios cumple su voluntad para hacer del alma del Siervo una ofrenda por el pecado. Lo que estamos viendo aquí solo puede interpretarse naturalmente en términos de sustitución.

Justicia sustitutiva

Cuando leemos a Pablo, quien nos explica el significado de la cruz de Cristo en cuanto a la salvación, toda duda se desvanece finalmente. Veamos otra vez Gálatas 3:13. ¿Cuál es el flujo de pensamiento en la propia frase de Pablo? «Cristo nos redimió de la maldición de la ley». Pregunta: ¿Cómo? Respuesta: Haciéndose maldición por nosotros. La frase de participio «nos ha rescatado» (NTV) responde la pregunta de cómo se logró aquello. Es explicativa del método. Afirma el sufrimiento sustitutivo. Hemos visto 2 Corintios 5:21, donde dice que Dios «al que no conoció pecado, por nosotros lo hizo pecado, para que nosotros fuésemos hechos justicia de Dios en él».

¿Una ofrenda por el pecado? Sí, sin duda. Porque, como ya he insistido, debemos entender por el flujo de pensamiento en el contexto, que nuestros pecados le han sido imputados al Hijo de Dios, y que por tanto murió como nuestra víctima, el inocente sufriendo por el culpable. Pablo explica la cruz en Colosenses 2:14 en estos términos. Retomemos desde el versículo 13, donde empieza la frase, y así captaremos el flujo del pensamiento: «Y a vosotros, estando muertos en pecados y en la incircuncisión de vuestra carne, os dio vida juntamente con él, perdonándoos todos los pecados, anulando el acta de los decretos que había contra nosotros, que nos era contraria, quitándola de en medio y clavándola en la cruz». El acta, que se nos oponía con sus exigencias legales, es ciertamente la ley de Dios, con su requerimiento de justicia plena. La ley de Dios se ve aquí, por así decirlo, como un pagaré, una declaración de lo que le debemos a Dios.

No hemos cumplido la justicia que estamos obligados a cumplir. Hemos quebrantado la ley. Hemos transgredido. En consecuencia, el pagaré se convierte en nuestra sentencia de muerte. Quedamos bajo las sanciones penales de la ley, porque la hemos quebrantado. Entonces, asegura Pablo, Dios anuló el acta y la hizo a un lado. ¿Cómo hizo eso? Clavándola en la cruz de Cristo.

Sin duda debemos comprender esto en cuanto a los detalles que todos los evangelistas registran, que como era habitual en las ejecuciones romanas, la acusación, que es la declaración del delito por el que la persona habría de ser ejecutada, fue clavada en la cruz para que todos pudieran ver aquello por lo que tal individuo iba a ser ejecutado.

El ojo de la carne y el ojo de la fe

Sabemos que, con el ojo de la carne, lo que aquellos que estaban junto a la cruz vieron clavado en ella (la acusación contra Jesús, el delito del que lo habían hallado culpable) fue: «JESÚS NAZARENO, REY DE LOS JUDÍOS» (Jn. 19:19). Jesús afirmó ser el rey de los judíos. Lo ejecutaron por esa afirmación. Eso es lo que el ojo de la carne mostró mediante la acusación que Pilato había clavado.

Pero Pablo enseña que el ojo de la fe ve más allá de esto. El ojo de la fe ve un acta clavada en la cruz de Cristo, indicando aquello por lo que se nos condenaba a muerte, todo el recuento de nuestras desobediencias, toda la triste historia de los puntos en que fallamos en cumplir la ley de Dios. Es la misma historia que Pablo está narrando.

Es el mismo punto que él plantea. Sustitución penal es la frase que necesitamos. Es de lo que se está hablando. Por último, relaciona estos pasajes con las palabras de Pablo en Romanos 3:25-26, donde el apóstol, tras decirnos en un pasaje muy conciso e importante que

Dios presentó a su propio Hijo como propiciación por su sangre, continúa: «Para manifestar su justicia, a causa de haber pasado por alto, en su paciencia, los pecados pasados, con la mira de manifestar en este tiempo su justicia, a fin de que él sea el justo, y el que justifica al que es de la fe de Jesús» (Ro. 3:25-26). Ahora bien, los exégetas han debatido mucho estos versículos. Los veo en el flujo de pensamiento en Romanos y, por tanto, juzgo que la única manera natural de entenderlos es esta: Dios presentó a Cristo como una propiciación por su sangre para mostrar la justicia divina.

Justicia judicial

¿Qué justicia es esta? Es la justicia de la que Pablo ha estado hablando en el capítulo anterior, la justicia de Dios que mostrará su mano en juicio justo. Romanos 2:5 habla del día de la ira y la demostración del juicio justo de Dios. Es la justicia judicial lo que está a la vista aquí. La justicia judicial de Dios tenía un interrogante contra ella, porque en su tolerancia divina había pasado por alto pecados anteriores. ¿Cuáles? Los pecados que realmente perdonó en el Antiguo Testamento, cuando los seres humanos ofrecían los sacrificios prescritos. En la naturaleza del caso, no está claro que la sangre de un animal pudiera borrar el pecado de alguien en equidad y en estricta justicia.

Parece que Dios perdonaba pecados sin una compensación adecuada o sin una ofrenda adecuada. De ahí que haya un interrogante contra la justicia de Dios. ¿Juzgará Él realmente el pecado? ¿Es Él de veras el Dios cuya naturaleza es juzgar debidamente todo pecado? Sí, contesta Pablo. Ahora que podemos ver la cruz de Cristo nos damos cuenta de que así es. Cristo murió como sustituto por todo pecador que ha transgredido, y cuyos pecados ahora son perdonados, y como sustituto por todo pecador que transgredirá y cuyos pecados serán perdonados. Pablo afirma que esto fue así para mostrar en este tiempo presente que el mismo Dios es justo en juzgar el pecado.

Dios en realidad inflige el castigo completo dondequiera que se haya cometido pecado, pero no sobre el pecador, sino sobre el sustituto del pecador. Él mismo es justo en juzgar el pecado. A la vez, por medio de su juicio al pecado, la manera particular de hacerlo, es mostrar que también justifica a quien tiene fe en Jesús. Realmente la justificación (que significa perdón y aceptación, con base en el juicio de nuestros pecados imputados en otra persona) es el mensaje que Pablo enseña aquí. Lo mismo ocurre con Romanos 3 y en Romanos 4 y 5. Así que leo a Pablo mientras explica el significado de la cruz de Cristo. Y sobre estos fundamentos bíblicos sostengo que la sustitución penal es realmente la frase que necesitamos para expresar la verdad sobre la cruz de Cristo.

Hay objeciones, problemas y dificultades planteadas, y nuestro argumento aún no ha concluido. Debemos examinar algunos de estos problemas y señalar algunos puntos adicionales para reivindicar la fe en la sustitución penal en contra de las críticas que se plantean.

Implicaciones de la sustitución penal

Permíteme también dividir ahora lo que he dicho en otros cinco puntos, que desde un enfoque práctico no son más que la explicación de las implicaciones de lo que ya he manifestado. Pero desde otro enfoque, existen especificaciones importantes de lo que se dice para responder a los críticos.

1. Definición de sustitución

El primer punto para destacar es del tipo verbal e introductorio, podríamos decir: el prejuicio contra la palabra *sustitución* está fuera de lugar. Nos enfrentamos con toda una serie de escritores que nos aseguran que la palabra *sustitución* no encaja. Que lo que se debería decir acerca de la cruz de Cristo es que es vicaria y representativa, pero no sustitutiva.

Creo que basta responder ese punto con el diccionario. Abro mi Oxford English Dictionary, y encuentro que *sustitución* se define como «el hecho de poner una persona o cosa en lugar de otra». Luego encuentro que cuando busco *representación*, se define como «el hecho de presentarse por, o en lugar de, otra persona o cosa, sustituir una persona o cosa por otra». Y encuentro que la palabra *vicario* se define como «aquello que toma o suple el lugar de otra persona o cosa, sustituyéndola en lugar de la propia cosa o persona». Y basándome en el Oxford English Dictionary, afirmo que aquí hay una distinción sin una diferencia. Las palabras *representativo* y *vicario* significan *sustitutivo*. Podríamos llamar las cosas por su nombre y utilizar esta palabra clara y básica.

2. Carácter de la sustitución

En segundo lugar, el ámbito de la sustitución es judicial. Deseo argumentar contra quienes afirman, y son algunos los que lo hacen, que podríamos concebir una sustitución que no sea de carácter penal, pero nos resistimos a la idea de una sustitución bajo el juicio divino. A tales personas les digo: es necesario que tengan en cuenta el ámbito del juicio divino, como lo presentan las Escrituras y nuestra propia experiencia moral.

> *El juicio divino significa que nuestro pasado conlleva una retribución sobre nuestra existencia presente y futura. Dios mismo está a cargo de este proceso.*

La sustitución penal, como noción, hace eso.[8] Realmente esa es su gloria. La sustitución penal es una frase que refleja al latín *poena*, que significa castigo y se refiere a la sanción divina que nos corresponde por hacer lo malo e incumplir las exigencias de Dios. Ya hemos dicho esto.

---

8. La siguiente sección, con cuatro perspectivas, está adaptada de una sección en J. I. Packer, «What Did the Cross Achieve? The Logic of Penal Substitution. The Tyndale Biblical Theology Lecture, 1973», *Tyndale Bulletin* 25 (1974): 3-45.

Ahora bien, el contexto judicial divino también es un contexto moral. Dios juzga de acuerdo con lo que es verdadero y justo. Su juicio no es arbitrario, y Él juzga las cosas como son, mientras que los sistemas judiciales humanos no siempre están arraigados en la realidad moral. La Biblia trata los mundos de la realidad moral y del juicio divino como coincidentes. El juicio divino significa que nuestro pasado conlleva una retribución sobre nuestra existencia presente y futura. Dios mismo está a cargo de este proceso.

Debido a que es justo que lo haga, Dios se asegura de que la maldad y la culpabilidad objetivas de lo que hemos sido siempre estén allí para tocar lo que ahora somos y lo que vamos a ser. En las palabras de Emil Brunner, «la culpa significa que nuestro pasado (aquello que nunca puede volverse bueno) constituye siempre un elemento en nuestra situación actual».[9]

Este es sin duda un asunto de realidad moral y de experiencia moral verdadera. La culpa del pasado extiende su mano para tocar y arruinar nuestra experiencia en el presente. Lady Macbeth, mientras camina y habla, ve sangre en su mano y no sabe cómo limpiar o perfumar esa mano. En ese momento, está siendo testigo del orden de la retribución, como lo hacen todos los escritores de tragedias y como seguramente todos los hombres reflexivos (ciertamente todos los hombres reflexivos que creen en el juicio de Dios) han llegado a conocer dicho orden. La maldad puede olvidarse por un tiempo. David olvidó su pecado contra Betsabé y Urías, pero tarde o temprano, regresa a la memoria, como sucedió con el pecado de David bajo el ministerio de Natán. De inmediato la conciencia empieza a obrar, nuestra atención es absorbida y nuestra paz y nuestro placer desaparecen. Entonces algo nos dice que debemos sufrir por aquello que hemos hecho. Los antiguos teólogos insisten en que, al unirse con los indicios del desagrado de Dios por lo que hemos hecho, este sentido de las cosas es en realidad el inicio del infierno… del infierno en la tierra.

---

9. Emil Brunner, *The Mediator: A Study of the Central Doctrine of the Christian Faith*, trad. Olive Wyon (Londres: Lutterworth Press, 1934), p. 443.

En este contexto de la experiencia real de culpa y convicción de pecado, se presenta la verdad de la sustitución penal, con el fin de centrarnos en cuatro perspectivas sobre nuestra situación. Esta es la manera en que Pablo la aplica en los contextos que he citado. Así resumo las perspectivas en orden, en términos humanos.

PERSPECTIVA 1: CON RESPECTO A DIOS

La perspectiva 1 se relaciona con Dios. Tiene que ver con el principio retributivo del que dan testimonio nuestras conciencias cuando nos condenan, es la sanción de Dios y es en realidad una expresión de la santidad, la justicia y la bondad que su ley refleja. La muerte, tanto espiritual como física (pérdida de la vida de Dios como también de la vida del cuerpo) es la sentencia correcta que Él ha anunciado contra nosotros y que ahora se prepara a infligirnos.

PERSPECTIVA 2: CON RESPECTO A NOSOTROS MISMOS

La perspectiva 2 se relaciona con nosotros mismos. Tiene que ver con permanecer así, bajo sentencia: somos impotentes tanto para deshacernos del pasado como para sacudirnos el pecado en el presente. Por tanto, no tenemos forma de evitar lo que nos amenaza.

> *Él recibió en su propia experiencia personal todas las dimensiones de la muerte que era nuestra sentencia… y así puso la base para nuestro perdón y nuestra inmunidad.*

PERSPECTIVA 3: CON RESPECTO A JESÚS

La perspectiva 3 se relaciona con nuestro Señor Jesucristo. Tiene que ver con que Él tomó nuestro lugar bajo el juicio divino y recibió en su propia experiencia personal todas las dimensiones de la muerte que eran nuestra sentencia, cualesquiera que fueran. Así, al sentar las bases para nuestra parte en la inmunidad, Lutero expuso las Escrituras en estos términos: «Cristo mismo padeció el espanto y el horror de una conciencia angustiada que probó la ira eterna… No se trató de un juego, de una broma, ni de una actuación, cuando dijo: "Me has desamparado", porque entonces se sintió realmente abandonado en todo, así como un pecador es abandonado».[10] Y decimos:

> Tal vez no lo sepamos, ni podamos comprender
> qué dolores debió Él soportar;
> pero creemos que fue por nosotros
> que colgó y sufrió allí.[11]

Él recibió en su propia experiencia personal todas las dimensiones de la muerte que era nuestra sentencia, cualesquiera que fueran, y así puso la base para nuestro perdón y nuestra inmunidad.

Perspectiva 4: Con respecto a la culpa

La perspectiva 4, que la idea de la sustitución penal nos introduce en nuestra experiencia verdadera de culpa y de mala conciencia, tiene que ver con la fe. Se trata de esto: la fe es ante todo cuestión de mirar afuera y lejos de uno mismo hacia Cristo y su cruz como único fundamento para el perdón presente y la esperanza futura. La fe ve que las exigencias de Dios siguen siendo las que eran y que la ley divina de retribución, que nuestra conciencia declara correcta, no ha dejado de operar en el mundo de Dios ni lo hará jamás.

En nuestro caso, la ley ya ha operado en la medida en que todos nuestros pecados, pasados, presentes e incluso futuros, han sido cubiertos por el Calvario. De esta manera, nuestra conciencia se aplaca por el conocimiento de que nuestros pecados ya han sido juzgados y castigados en la persona y muerte de otro. Así el peregrino de Bunyan pierde su carga delante de la cruz. Y Augustus Toplady puede estar seguro (aquí cito una estrofa de uno de sus himnos):

---

10. Lutero, *Werke*, 5:602, 605.

11. Cecil Francis Alexander, «There Is a Green Hill Far Away» (1848).

> Si mi liberación conseguiste,
> y voluntariamente en mi lugar soportaste
> toda la ira divina;
> pago que Dios no puede exigir dos veces,
> primero en la mano sangrante de mi Fiador,
> y luego otra vez en la mía.[12]

Con esta lógica, la fe comprende la realidad del regalo gratuito de la justicia de Dios, la rectitud ante Dios que el justo disfruta. Y la fe conlleva también la obligación del hombre justificado de vivir en lo sucesivo «para aquel que murió y resucitó por ellos», como Pablo declara en 2 Corintios 5:15.

Este es el ámbito de la sustitución, la esfera penal. Esto es lo que significa sustitución, en cuanto al verdadero problema humano de la culpa humana real, porque el problema de la verdadera culpa humana está en el corazón mismo de la difícil situación humana y en el mismo centro de la desdicha humana. Me atrevo a afirmar, como también afirmaron mis antepasados en el evangelio, que la sustitución penal es en realidad el corazón del evangelio, porque habla directamente al núcleo mismo de la necesidad humana.

3. Solidaridad de la sustitución

Pero aquí viene rápidamente el tercer punto. El contexto de la sustitución es la solidaridad. Lo que tenemos aquí en esta gran transacción, por la cual Dios en Cristo nos salva de nuestros pecados, no es una ficción legal, sino más bien un caso de solidaridad por el cual Cristo nos incluye en su justicia mediante la unión con Él, tan cierto como Adán nos hizo partícipes de su pecado mediante nuestra unión con él y la suya con nosotros. La sustitución penal se fundamenta en esta solidaridad ontológica.

Se trata de un momento en el misterio más amplio de lo que Lutero llamó «un intercambio maravilloso» y que Morna Hooker ha denomi-

---

12. Augustus Toplady, «De dónde vienen este miedo y esta incredulidad», 1844.

nado más recientemente «intercambio en Cristo».[13] Distingamos estos cuatro momentos en el misterio. Primero, la encarnación, cuando el Hijo de Dios entró en la situación humana y se hizo hombre. Segundo, la cruz, donde Cristo como nuestro representante sustituto, cargó con todo lo que merecíamos por nuestro pecado en el camino del juicio divino. Pero ahora llega el tercer momento en el intercambio, cuando por medio de la fe y del don de Dios del Espíritu, nos convertimos en la justicia de Dios en unión con Cristo y en solidaridad con Él (esto refleja la lógica de Romanos 6 y Colosenses 2).

Nosotros, en solidaridad con Cristo, morimos de manera indolora e invisible porque Él murió dolorosa y públicamente por nosotros en sustitución sobre la cruz. Estamos unidos con Cristo en su muerte y unidos con Él en su resurrección. Y es así, no de otra manera, que su justicia se vuelve nuestra. El efecto de su muerte expiatoria se convierte en nuestro perdón y en la base de nuestra aceptación ante Dios. Nos convertimos en la justicia de Dios, no separados de Él, sino en Él, sobre la base de la solidaridad.

4. Origen de la sustitución

En cuarto lugar, la fuente de la sustitución es el amor divino. Muy a menudo, los críticos de esta doctrina han argumentado que esta divide la Trinidad al representar a un Hijo bondadoso que aplaca a un Padre feroz y hostil para obligarlo a amar a los seres humanos, lo cual nunca antes hizo.

Eso es una farsa. Y es totalmente contrario al testimonio de las Escrituras en cuanto a este misterio, que una y otra vez arraiga todo en el amor de Dios como la fuente original de la expiación de Cristo. En 1 Juan 4:8 se nos asegura que «Dios es amor». Continúa explicando su significado, no en la forma en que los liberales modernos en ocasiones explican el tema del amor divino. Ellos lo explican en términos de que Dios es demasiado amable con sus criaturas como

---

13. Morna D. Hooker, «Interchange in Christ», *The Journal of Theological Studies* 22 (1971): 349-61.

para finalmente juzgar o desterrar de su presencia a cualquiera de ellas, o para apenas tomarles en cuenta su pecado. Más bien Juan explica así el significado del amor de Dios: «En esto consiste el amor: no en que nosotros hayamos amado a Dios, sino en que él nos amó a nosotros, y envió a su Hijo en propiciación por nuestros pecados» (1 Jn. 4:10). Sin duda alguna, el amor es lo que envió al Señor Jesucristo a la cruz, pero fue tanto su amor como el del Padre.

El origen de la sustitución es el amor del Padre y del Hijo y seguramente podemos agregar, del Espíritu. El Padre, el Hijo y el Espíritu Santo están juntos en la obra de expiación, forjada en la cruz.

5. Fruto de la sustitución

El último punto es simplemente este: el fruto de la sustitución es la salvación que Pablo describe en 1 Corintios 1:23, donde, tras haber declarado que «predicamos a Cristo crucificado» y entendido el evangelio en estos términos, sigue explicando su significado diciendo que Dios es la fuente de nuestra vida en Cristo Jesús, a quien Dios hizo nuestra «sabiduría, justificación, santificación y redención» (1 Co. 1:30).

Sabiduría en el sentido de quien nos hace sabios con aquella sabiduría que nos lleva a la salvación; *justificación* en el sentido de que es quien nos hace justos a la vista de Dios; *redención* en el sentido de que es aquel en quien tenemos salvación; *santificación* en el sentido básico de que es quien nos lleva a una relación de pacto con Dios (comprometidos con Dios desde el lado humano, pero sí, sí, aún más importante, aceptados por Él desde el lado divino) en virtud de la expiación realizada. Ese es el significado fundamental de la santificación en las Escrituras.

5

No hay otro nombre

La unicidad de Jesucristo

DE LA FRASE «no hay otro nombre», puedes ver qué pasaje de las Escrituras yo tenía en mente cuando preparé esta conferencia. Había pensado en las palabras de Pedro en Hechos 4:12, en su discurso a los dirigentes judíos: «En ningún otro hay salvación; porque no hay otro nombre bajo el cielo, dado a los hombres, en que podamos ser salvos».

Y es de la unicidad de Jesucristo como Salvador de lo que hablo. Comenzamos estas conferencias expresando ciertas palabras como una especie de lema, una frase para mantenerlas juntas, cuatro palabras de Pablo en 1 Corintios 1:23, «predicamos a Cristo crucificado». Al examinar estas palabras, nos invitan a reflexionar en tres aspectos, dos de los cuales, en realidad, ya han pasado delante de nosotros en las cuatro conferencias que hemos tenido hasta este momento. Esta frase nos invita primero a reflexionar en la verdad que es necesario proclamar. Las palabras «Cristo crucificado» señalan el mensaje que era locura para los gentiles y tropezadero para los judíos. Al principio de nuestro curso de conferencias, planteamos las preguntas: ¿Qué significan estas palabras? ¿De qué hablan? ¿Cómo debemos explicarlas si queremos captar el pensamiento de Pablo cuando las utiliza?

Verdad teológica

El propósito de la cruz

Ya hemos visto tres puntos. Se refieren en primer lugar a un propósito cósmico, por el que Dios el Creador está renovando su mundo. Los tres se relacionan con mucho más que acontecimientos privados en la vida psíquica interior. Se refieren a la remodelación de todo este cosmos. El título «Cristo» señala a la persona que está en el centro de la historia y por medio de la cual llega la bendición para el cosmos.

Al hablar de Cristo crucificado, Pablo establece lo que tiene que decir acerca de Jesús en el contexto de este propósito cósmico de Dios, al que en Efesios 1:9 llama «el misterio de su voluntad», para dirigir, resumir y reintegrar todas las cosas en Cristo. En realidad, todas las cosas serán reintegradas en Cristo, así creen los cristianos que ocurrirá cuando Él regrese. Ese fue el primer punto. «Cristo crucificado» es una frase que encaja en este propósito cósmico y renovador de Dios.

La persona de la cruz

La segunda frase apunta a la deidad en la persona que fue a la cruz. Si le preguntaras a Pablo: ¿Quién fue el Cristo?, el apóstol respondería sin vacilar: Jesús de Nazaret, el Hijo de Dios. Este Cristo, siendo Dios encarnado, es el Cristo que está allí. Por tanto, decimos, es el Cristo que está aquí cada vez que se predica su mensaje. Él es el Hijo de Dios, quien fue el agente del Padre en crear y sustentar el universo, y que ahora se ha convertido en el agente del Padre en redimirlo (Col. 1).

A esto es a lo que apunta la palabra *crucificado,* porque fue en la cruz que el Hijo de Dios, quien por encarnación se convirtió en Jesús, el hombre, redimió al mundo. Señalamos este punto en oposición a quienes afirman que es un mito endiosado la teología que declara que Jesús es divino. Ellos aseguran que ese mito no nos habla más que del significado privado y personal, de la influencia transformadora, que el hombre lleno del Espíritu, Jesús de Nazaret, tiene sobre quienes entran en contacto con Él.

El acontecimiento de la cruz

Hay un tercer punto al que se refieren las palabras. El término *crucificado* apunta al suceso de la cruz. Y vimos en nuestro último estudio juntos cómo Pablo amplía el acaecimiento en la cruz como un sacrificio sustitutivo por los pecados de los seres humanos, un sacrificio que necesitábamos si alguna vez ibamos a encontrar perdón y aceptación de parte de Dios, un sacrificio eficaz que realmente trae justicia. Es decir, una relación correcta con Dios, para aquellos que ponen su fe en el Cristo que la hizo posible.

La verdad de la cruz

En este punto, comenzamos a plantear esta pregunta: ¿Es verdad todo lo que Pablo estaba afirmando? Y empezamos a desarrollar una apologética histórica para una respuesta afirmativa a esa pregunta. Los hechos históricos parecen decir que sí, que esto es cierto. Parece que Jesucristo fue mucho más que un hombre lleno del Espíritu. Parece que resucitó de entre los muertos. Es increíble que el Nuevo Testamento sea como es, o incluso que la Iglesia cristiana haya comenzado como la comunidad de la resurrección, si Él no hubiera resucitado. Esto aleja la idea de que Él es un simple hombre lleno del Espíritu y proporciona poderosa evidencia para la verdad de la declaración de Pablo de que Jesús fue divino. Así que estas son las cosas que hemos visto con relación a la verdad que debe contarse.

Los testigos de la cruz

Lo segundo a lo que las palabras de Pablo, «predicamos a Cristo crucificado» (1 Co. 1:23) nos invitan a volver nuestras mentes es a aquellos que dicen esta verdad. «Predicamos», afirma el apóstol. Preguntamos: ¿A quién corresponde la primera persona del plural? Está claro que, en primera instancia, Pablo habla de sí mismo y de sus compañeros apóstoles, de quienes dice en 1 Corintios 2:6: «Hablamos», o «impartimos» sabiduría a los maduros, de un misterio que está en un secreto revelado por Dios, algo que Él nos ha dado a conocer ahora. Y en 1 Corintios 2:12-13, Pablo es más específico en cuanto a la obra de Dios de dárnosla a conocer (darla a conocer: es decir, a los apóstoles) porque escribe: «Nosotros no hemos recibido el espíritu del mundo, sino el Espíritu que proviene de Dios, para que sepamos lo que Dios nos ha concedido, lo cual también hablamos, no con palabras enseñadas por sabiduría humana, sino con las que enseña el Espíritu». Tenemos así la reivindicación característica de la inspiración. Aquí Pablo afirma que la autoridad de la enseñanza apostólica se deriva de la propia instrucción de Dios mostrada a los apóstoles y luego mediada por ellos en palabras que el Espíritu Santo enseña.

> *Como hermanos creyentes, nos corresponde tomar nuestra posición junto a [los apóstoles] como hermanos testigos, proclamando la misma verdad que ha tenido el mismo poder transformador en nuestras vidas como en las de ellos.*

Observamos que al leer el Nuevo Testamento constatamos que hay solidaridad de testimonio y convergencia en los testigos. A pesar de todas las diferentes frases y formas que son usadas para hablar de Jesús de Nazaret, su divina persona y su obra expiatoria, la idea central de este testimonio multiforme es una.

Aquí podríamos plantear la pregunta: ¿Son entonces los apóstoles los únicos que pueden hablar de esta verdad? Empezamos al final de nuestro último estudio viendo que, como hermanos creyentes, nos corresponde tomar nuestra posición junto a ellos como hermanos testigos, proclamando la misma verdad que ha tenido el mismo poder transformador en nuestras vidas como en las de ellos.

La predicación de la cruz

Ahora llegamos al tercer asunto al que estas palabras nos invitan a reflexionar, asunto del que nos ocuparemos de manera especial en esta conferencia, específicamente, la tarea de informar. Pablo declara: «Predicamos a Cristo crucificado». Pregunta: ¿Cuándo y dónde? Respuesta de Pablo: Todo el tiempo y en todas partes. Recuerda la frase del apóstol en Colosenses 1:28: «A quien anunciamos, amonestando a todo hombre, y enseñando a todo hombre en toda sabiduría».

En lo que respecta a Pablo, todos los seres humanos deben conocer este mensaje, y hace que la labor de su vida sea ver, hasta donde le corresponde, que todos lo sepan. Preguntamos: ¿Por qué? De inmediato la Biblia responde. Existe una orden universal de publicar estas buenas nuevas. Hay una afirmación universal que Jesucristo le hace a toda la humanidad. Y existe una necesidad universal, que todos los seres humanos experimentan y que solamente el evangelio puede suplir. Creo que todas estas ideas están implícitas en la palabra *podamos*, cuando Pedro afirma: «No hay otro nombre bajo el cielo, dado a los hombres, en que *podamos* ser salvos» (Hch. 4:12). El mandato universal: «Id, y haced discípulos», está en Mateo 28:19. Se llama la Gran Comisión, y sin duda lo conocemos todos. «Id, y haced discípulos a todas las naciones», ordena nuestro Señor. De igual manera, en Hechos 1:8 les dice a los apóstoles: «Me seréis testigos en Jerusalén, en toda Judea, en Samaria, y hasta lo último de la tierra», y por eso centra el pensamiento de que este mensaje debe llegar hasta las partes más alejadas del planeta. La razón del porqué se aclara más tarde, cuando en la narración de Hechos encontramos a Pablo en Atenas declarando: «Dios… ahora manda a todos los hombres en todo lugar, que se arrepientan» (Hch. 17:30). Este es un mensaje para todo el mundo y debe llegar a toda la humanidad. Es un asunto de mandato divino.

La reivindicación de la cruz

Hay una afirmación universal hecha por el Cristo de este evangelio: Él es el único camino, la única senda, hacia el conocimiento de

Dios como Padre. Aquí podemos volver a citar Juan 14:6: «Yo soy el camino, y la verdad, y la vida; nadie viene al Padre, sino por mí». Esta es una noticia que todo el mundo necesita, porque Cristo ordena que todo ser humano entre al conocimiento de Dios el Padre, y aquellos que escuchen el evangelio, y se nieguen a entrar, serán juzgados por rechazar la vida.

La necesidad de la cruz

Esto lleva a la tercera idea: que hay una necesidad humana universal, ya que no hay esperanza para ningún hombre o ninguna mujer aparte del evangelio de Cristo crucificado. Solo Jesucristo trae esperanza a las vidas humanas caídas.

Recuerda cómo Pablo analiza en Romanos el estado del ser humano caído bajo la ley, bajo el pecado, bajo la ira de Dios, así como la amenaza de su juicio por nuestras transgresiones y bajo la muerte aquí y ahora en el presente. La muerte reina sobre todos aquellos que se encuentran en Adán. Aquí es donde está el hombre, y esto determina su destino si no está en Cristo. El apóstol resume su testimonio en Efesios 2:12, donde recuerda a los creyentes que cuando estaban separados de Cristo, se hallaban sin Dios y sin esperanza en el mundo. Si tal es el estado de la humanidad y la perspectiva para los seres humanos sin Cristo, entonces es evidente que la compasión debe ser un motivo en la comunicación del evangelio. Llevamos la palabra al mundo, no solo por obediencia a Cristo, a fin de que se haga conocer su afirmación sobre los hombres, sino también por compasión hacia nuestros semejantes que necesitan desesperadamente este mensaje. Es cuestión de obedecer el primer mandamiento, amar a nuestro Señor, y de obedecer el segundo mandamiento, amar a nuestro prójimo. Ambas cosas van juntas cuando se proclama el evangelio.

Los evangélicos siempre han entendido el asunto de esta manera. Han visto el llamado a extender el evangelio como una cuestión tanto de obediencia al mandato del Señor como de servicio compasivo a nuestros semejantes. Por eso, desde el siglo XVIII se han dedicado a extender el evangelio por el mundo, buscando así la salvación de la humanidad. Pensemos en William Carey, quien hizo mucho hincapié en la Gran Comisión de ir y hacer discípulos a todas las naciones, insistiendo en que este era un llamado a toda la Iglesia cristiana y no simplemente a los apóstoles, y dando a la Iglesia ese tremendo lema: «Espera grandes cosas de Dios e intenta grandes cosas para Dios».[1]

Pensemos en John Mott en el siglo XIX, que dio vida al movimiento estudiantil voluntario con su lema: *La evangelización del mundo en esta generación*, para «evangelizar hasta el final y traer de vuelta al Rey». Y en días más recientes, pensemos en los congresos de Berlín y Lausana dedicados abiertamente a la evangelización del mundo.

Esta ha sido durante doscientos años una preocupación esencial del pueblo evangélico de todo el mundo: difundir el evangelio a lo largo y ancho del planeta. Pero, a partir de la segunda mitad del siglo XX, los obstáculos por ganar al mundo para la fe en Cristo parecen haber aumentado. La población del mundo está explotando. En 1978 somos casi cuatro mil millones, y creciendo velozmente. Aunque en valores absolutos la cantidad de cristianos en el mundo aumenta (sin importar lo que ocurra en países como Inglaterra y Australia), también es cierto que los cristianos somos proporcionalmente una minoría en este mundo en que la población crece demasiado rápido. En proporción, la población mundial tiene un porcentaje menor de cristianos que antes.

> *Llevamos la palabra al mundo, no solo por obediencia a Cristo... sino también por compasión hacia nuestros semejantes que necesitan desesperadamente este mensaje.*

---

1. William Carey, «The Deathless Sermon» (30 de mayo de 1792), Friar Lane Baptist Church, Nottingham, Inglaterra.

Además, las puertas se están cerrando, y, en algunos casos, de manera estrepitosa. Algo así como la tercera parte de la población mundial mora bajo condiciones dictatoriales, bajo circunstancias en que la predicación del evangelio es muy difícil o imposible debido al grado de oposición que los gobiernos hacen a tal actividad.

Por otra parte, esta es la era en que las religiones étnicas (el hinduismo y el budismo en Oriente, y para nuestros propósitos pongamos junto a ellas al islamismo que, aunque desde un punto de vista es una rama del cristianismo, es sin embargo étnico en un sentido muy evidente) están ganando terreno, reviviendo el sentido de la fortaleza, la dignidad y el potencial que las caracteriza, e invadiendo a Occidente en busca de conversos.

Al juzgar por las cifras, parece que el evangelio realmente no avanza en el mundo, si se considera toda la situación en términos globales. En este caso, no extraña que al menos algunos se pongan nerviosos, especulen e inventen teorías que exploran la posibilidad de que tal vez deba modificarse la convicción de que todos tienen necesidad de escuchar el evangelio. Afirman que tal vez deba modificarse la certeza de que los cristianos son deudores ante todo el mundo de dar a conocer el evangelio a toda la humanidad. Hay quienes han cuestionado: «¿Debería realmente ser así?». Es decir, ¿no hemos quizás exagerado en el pasado al suponer que así debía ser?

Especulaciones teológicas

Ahora deseo dar una mirada a tres de tales especulaciones, ninguna de las cuales me parece aceptable. Lo aclaro desde el principio.

La primera especulación es que hay un poder salvador divino en todas las religiones. Esa es una especulación que protestantes liberales y radicales adoptan muy libremente. La segunda especulación es que dentro de las religiones no cristianas del mundo se encuentra lo que podríamos llamar «cristianismo anónimo». Este es un equivalente católico romano de la primera especulación. Y la tercera especulación es el universalismo dogmático, la creencia de que Dios finalmente llevará a la gloria a todo espíritu racional que creó. Analicemos en orden estas teorías para ver lo que se puede decir de ellas.

Pluralismo: Todas las religiones salvan

En primer lugar, está la especulación de que en todas las religiones hay una eficacia salvadora divina. ¿De dónde surge esta idea? Respuesta: Al menos en el mundo protestante, se basa en la visión de Friedrich Schleiermacher, abuelo del liberalismo y distinguido teólogo de los primeros años del siglo XIX. Él enseñó que la esencia de la religión es la misma dondequiera que te encuentres, que en cierto sentido resulta ser la dependencia de lo divino y que este sentido es el núcleo común de todas las religiones. Por tanto, la única diferencia entre una religión y otra es el grado de pureza con que se articula en palabras este sentido de dependencia de lo divino.

Los seguidores de Schleiermacher en este siglo han sido el alemán Ernst Troeltsch, el estadounidense William Ernest Hocking, el alemán Paul Tillich, el inglés Arnold Toynbee y el inglés John Hick, todos los cuales han sostenido a su manera que la visión de Schleiermacher es realmente correcta y que Dios está haciendo esencialmente lo mismo por la humanidad mediante todas las religiones que el mundo conoce. He aquí, por ejemplo, algunas palabras que expresan la posición en forma dogmática:

> *Algo así como la tercera parte de la población mundial mora... bajo circunstancias en que la predicación del evangelio es muy difícil o imposible debido al grado de oposición que los gobiernos hacen a tal actividad.*

El cristianismo es un camino de salvación, que desde hace unos dos mil años se ha convertido en la principal senda de salvación en tres continentes. Las otras grandes religiones del mundo son igualmente caminos de salvación, que proporcionan el sendero principal hacia la realidad divina a otros grandes sectores de la humanidad.[2]

El punto de vista de las misiones, al que conduce esta creencia, es que es apropiado que los representantes de una religión vayan e intercambien ideas con otras religiones. Al hacer eso no desplazan a esas otras religiones. Lo único que hacen es enriquecerlas. En estos términos debe concebirse la tarea misionera. Resulta ser más bien una situación en que, desde diferentes partes del mundo, hay una cantidad de aerolíneas que te llevará hasta Nueva York. En realidad, no importa en qué aerolínea viajes. En cualquiera que vayas, llegas a Nueva York. La comida que sirven, la vestimenta de los asistentes de vuelo, los idiomas que se hablen en los aviones variarán, pero Nueva York es el destino en todos los casos.

O puedes expresarlo como les gusta a nuestros amigos teósofos. Todos estamos escalando la misma montaña, seguidores todos de las diferentes religiones que el mundo conoce. Y todos llegaremos a la cima. ¿Fue Jesús único? Solo hasta cierto punto, a lo sumo: solo en la intensidad con que mostró a los seres humanos el camino de apertura hacia Dios, el compromiso total con el encanto y la presión de lo divino, y la vida desinteresada por el bienestar de los demás al seguir el atractivo de lo divino.

Esta es parte de la perspectiva del cristianismo expuesta en el libro, *The Myth of God Incarnate*, al que ya me he referido. Para ser justos, creo que lo mejor es citar directamente del libro para que no se piense que estoy haciendo alguna estratagema. Estas son, por tanto, las palabras de John Hick acerca de Jesús:

---

2. John Hick, *God and the Universe of Faiths: Essays in the Philosophy of Religion* (Londres: Macmillan, 1973).

Veo al Nazareno como intensa y abrumadoramente consciente de la realidad de Dios. Fue un hombre de Dios que vivía en la presencia divina invisible y se dirigía a Dios como Abba Padre. Su espíritu estaba abierto a Dios, y su vida era una respuesta continua al amor divino, absolutamente compasivo, así como exigente. De manera muy poderosa estaba tan consciente de Dios, que su vida vibraba como si fuera la existencia divina. En consecuencia, sus manos podían curar a los enfermos y los pobres en espíritu cobraban nueva vida en su presencia. Si tú o yo lo hubiéramos conocido en la Palestina del siglo I, nos habríamos sentido profundamente perturbados y desafiados por su presencia. Habríamos sentido el reclamo de lealtad absoluta de Dios confrontándonos y llamándonos a entregarnos por completo a Él y a nacer de nuevo.[3]

Por supuesto, eso en John Hick es solo metáfora. Es una metáfora para un nuevo inicio. «Y nacer de nuevo como hijos y como representantes de los propósitos divinos en la tierra». Y así sucesivamente.

Schleiermacher mismo no podría haberlo dicho mejor. Esa es una simple afirmación, hecha en 1977, de la posición de Schleiermacher. Si ahora preguntáramos qué piensa John Hick sobre otras religiones, pues bien, en el mismo ensayo nos lo ha dicho en forma bastante explícita. De nuevo, para ser justos, leamos sus palabras:

Toda salvación (es decir, toda conversión de animales humanos en hijos de Dios) es obra de Dios. Las diversas religiones tienen sus diferentes nombres para Dios en la acción salvadora hacia la humanidad. El cristianismo tiene para esto varios nombres que se superponen: el Logos eterno, el Cristo cósmico, la segunda persona de la Trinidad, Dios el Hijo,

---

3. John Hick, «Jesus and the World Religions», *The Myth of God Incarnate*, ed. John Hick (Londres: SCM Press, 1977), p. 172.

Dios el Espíritu. Si, seleccionando de nuestro lenguaje cristiano, llamamos el Logos [la Palabra] al «Dios que actúa hacia la humanidad», entonces debemos afirmar que toda salvación, dentro de todas las religiones, es la obra del Logos y que, bajo sus diversas imágenes y diversos símbolos, los hombres en diferentes culturas y religiones pueden encontrar el Logos y hallar salvación. Pero lo que no podemos decir es que todos los que se salvan lo hacen única y exclusivamente por medio de Jesús de Nazaret.[4]

Una vez más, este es un simple extracto de la posición. Todas las religiones tienen un significado salvador para quienes las profesan, afirma Hick. Es solo un ligero contratiempo geográfico el hecho de que, quienes nacimos en las tierras donde el cristianismo es dominante, hayamos crecido dentro del cristianismo. El cristianismo no nos da más de lo que le da al hindú su hinduismo o al musulmán su adoración a Alá. Esta es la perspectiva.

¿Qué podemos decir al respecto? Hay que decir enérgicamente que esto se encuentra totalmente desconectado de la perspectiva bíblica de la religión cristiana, que nos la resume un pasaje como 1 Tesalonicenses 1:9-10, donde Pablo dice que los cristianos en Tesalónica se convirtieron «de los ídolos a Dios, para servir al Dios vivo y verdadero, y esperar de los cielos a su Hijo». O nos la resume otro pasaje como Romanos 1:18 y siguientes, donde el apóstol interpreta a las religiones del mundo pagano realmente como muchas manifestaciones de apostatar de Dios, el Creador. Romanos 1:18-23 explica esta idea con gran claridad, y la forma en que Emil Brunner parafrasea las palabras de Pablo me parece una declaración muy acertada de la idea central del apóstol:

El Dios de las «otras religiones» siempre es un ídolo. Las formas religiosas de la imaginación siguen siempre la ley de

---

4. John Hick, *God Has Many Names* (Louisville, KY: Westminster John Knox, 1982), p. 175.

secularización, ya sea en la forma de realizar idolatría finita en el sentido politeísta común o en la forma de despersonalización, en la cual la idea de Dios implica una abstracción [Dios deja de ser una persona y se convierte en un principio]… Si la secularización, la fusión de Dios con la naturaleza y el ser humano, es el primer fenómeno, entonces el *cor incurvatum in se*, [Emil está citando aquí a Agustín: «el corazón inclinado sobre sí mismo»] egocentrismo, antropocentrismo o eudemonismo, es decir, no dar la gloria a Dios, o búsqueda de sí mismo, es la motivación más profunda de todas las «otras religiones»… El pecado original del hombre irrumpe, ante todo, y principalmente, en su religión: la esencia del pecado original es la apostasía del ser humano y su empedernida tendencia a ensimismarse.[5]

Este me parece un verdadero resumen de lo que Pablo declara en Romanos 1:18 y siguientes, al diagnosticar el caso de la humanidad, que retiene la verdad de Dios con injusticia, se niega a adorar a su Creador y en cambio adora a las criaturas.

Al observar ahora las obras de las otras religiones, parece excluirlas de la condenación que está implícita en las propias palabras de nuestro Señor en el Sermón del Monte acerca de los paganos que usan vanas repeticiones en la oración, pensando que serán escuchados por su mucha palabrería. La oración de las religiones étnicas, junto con la práctica religiosa, es enteramente una cuestión de hacer cosas para encomendarse a Dios.

Esto se ha demostrado vez tras vez, y sigue siendo cierto a pesar de los esfuerzos bienintencionados de un teólogo como Raimon Panikkar, quien, en su libro, *The Unknown Christ of Hinduism* [El Cristo desconocido del hinduismo] (1964), sostiene que la moralidad y la buena vida de los hindúes corresponden con los sacramentos

---

5. Emil Brunner, *Revelation and Reason: The Christian Doctrine of Faith and Knowledge* (Filadelfia, PA: Westminster Press, 1946), p. 264.

salvadores del cristianismo. Es necesario decir que esto es en realidad algo muy distinto de la vida de gracia que los cristianos conocen. Se trata de la religión de obras, distinta de la religión de gracia. No es en absoluto verosímil sugerir que aquí se tiene la misma esencia de la religión que en el cristianismo. Podría decirse más, pero debo continuar.

Catolicismo romano: Cristianos anónimos serán salvos

Ahora deseo examinar la especulación católica romana que corresponde a este punto de vista, la noción específica de «cristianismo anónimo», como la llama su principal exponente, Karl Rahner. Lo que vemos aquí es el desarrollo histórico de la exposición católica romana de la fórmula «fuera de la iglesia no hay salvación». Como es sabido, el pensamiento católico romano parte de la creencia de que no hay otra iglesia salvo la comunión que reconoce al Obispo de Roma como su cabeza. «Las comunidades eclesiales protestantes», como las llamó el Concilio Vaticano II, no son estrictamente la Iglesia, aunque muestran ciertas características de ella. En cuanto a los paganos, no hay posibilidad de que estén en la Iglesia, al menos externamente. Desde el siglo III en adelante y durante muchos siglos, la exposición característica de la proposición «fuera de la Iglesia no hay salvación» fue que la salvación viene por la participación directa en la vida sacramental del único redil. Y sin esta no hay esperanza para nadie.[6]

Este punto de vista se mantuvo en esa forma simple hasta el siglo XVI, cuando el Concilio de Trento abrió la puerta un par de centímetros a los paganos, o al menos a los no bautizados, enseñándoles que el bautismo podía recibirse no solo *in re* (es decir, en la realidad física, mediante la verdadera aplicación de agua en un culto bautismal), sino también *in voto* (es decir, en propósito, voto o resolución). Para ello se le dio el nombre de «bautismo de deseo», y se consideró

---

6. Los doce párrafos siguientes son adaptación de J. I. Packer, «The Way of Salvation, Part IV: Are Non-Christian Faiths ways of Salvation?» *Bibliotheca Sacra* 130:518 (abril, 1973): pp. 111-14.

verdadero delante de Dios donde las circunstancias hacían imposible el bautismo en agua.

Un ejemplo sería el caso del ladrón en la cruz que puso su fe en Jesús, pero a quien no podía planteársele la opción del bautismo en agua. Por tanto, el Concilio de Trento enseñó que cualquiera que de corazón deseara bautizarse, pero no pudiera hacerlo, era contado entre los salvos, aunque la experiencia del sacramento salvador del bautismo no se hubiera convertido en una realidad.

Luego en 1863, en una encíclica, Pío IX abrió la puerta un poco más al afirmar de los paganos, protestantes y cristianos orientales que «aquellos que no tienen conocimiento de la religión verdadera, si este desconocimiento es insuperable, no se les considera culpables a este respecto ante los ojos del Señor».[7] En otras palabras, no se considerarán culpables a aquellos cuyo desconocimiento sea predominante e incorregible, no por negligencia, mala voluntad o alguna intención de desobedecer a Dios, sino totalmente debido a un condicionamiento de tal clase que les haga imposible reconocer la religión verdadera.

Al vincular esto con lo que se dijo en Trento, surge de inmediato la posibilidad de que una persona pueda de buena fe, por «desconocimiento insuperable», rechazar en un nivel consciente a la Iglesia verdadera (desde luego, según la teoría, la Iglesia Romana es la verdadera), creyendo que sea falsa e idólatra como los protestantes creyeron y muchos más creen. Al mismo tiempo, de manera inconsciente pertenecen a ella por deseo (*in voto*, entiéndelo). Quieren estar en la iglesia verdadera, pero no pueden reconocer a la Iglesia Romana como la verdadera.

Esta es la línea que los católicos romanos han seguido desde entonces para explicar cómo pueden salvarse los que no pertenecen a su iglesia. Cuando en 1949 un tal padre Leonard Feeney de Boston enseñó que todos los no católicos romanos están condenados a la perdición, el Santo Oficio en Roma envió al arzobispo Richard Cushing

---

7. Henrici Denzinger, ed., *Enchiridion Symbolorum*, 30.ª ed. (Friburg: Herder 1955), p. 1647.

una carta en que condenaba esta enseñanza como herética y excomulgaba a cualquiera que la sostuviera. Ese fue el final del ministerio público del padre Feeney.[8]

En 1964, el Concilio Vaticano II fue aún más lejos en esta línea:

> Hay muchos que… creen con amor en Dios Padre todopoderoso y en Cristo, Hijo de Dios Salvador… Ni el mismo Dios está lejos de otros que buscan en sombras e imágenes al Dios desconocido… Pues quienes, ignorando sin culpa el Evangelio de Cristo y su Iglesia, buscan, no obstante, a Dios con un corazón sincero y se esfuerzan, bajo el influjo de la gracia, en cumplir con obras su voluntad, conocida mediante el juicio de la conciencia, pueden conseguir la salvación eterna. Y la divina Providencia tampoco niega los auxilios necesarios para la salvación a quienes sin culpa no han llegado todavía a un conocimiento expreso de Dios y se esfuerzan en llevar una vida recta, no sin la gracia de Dios.[9]

Por supuesto, es característico de la teología católica romana creer que la gracia impregna toda la vida de todos los seres humanos y que el corazón humano caído, a pesar de la debilidad que el pecado le ha producido, no se ha vuelto totalmente contra Dios en sus inclinaciones. Sobre esta base, es comparativamente fácil para los católicos romanos declarar: «Bueno, todo el mundo en el fondo está esforzándose por buscar a Dios, y Él al ver esto, lo reconoce». Este mismo esfuerzo se cuenta como fe implícita y se convierte en el medio de salvación de todos ellos. Eso realmente parece ser lo que se dice.

---

8. Los hechos fueron relatados por Hans Küng, «The Freedom of Religions», *Attitudes toward Other Religions*, ed. Owen C. Thomas (Londres, 1969), p. 201. La proposición «fuera de la iglesia no hay gracia», sostenida por los jansenistas, había sido condenada mucho antes (Denzinger, *Enchiridion Symbolorum*, p. 1379).

9. «Constitución dogmática sobre la Iglesia», II. 16, en *Los documentos del Vaticano II*, https://www.vatican.va/archive/hist_councils/ii_vatican_council/documents/vat-ii_const_19641121_lumen-gentium_sp.html. Consultada el 31 de enero de 2024.

Tres años antes del Concilio Vaticano II, el distinguido teólogo católico romano Karl Rahner había presentado la siguiente línea argumental. Esta es una afirmación aún más completa de lo que está implícito en la declaración del Vaticano y estaba implícito en lo que había pasado antes: Las reivindicaciones exclusivas del cristianismo funcionan solo donde se conoce el cristianismo; las creencias no cristianas, que son el producto combinado de la gracia y el pecado, funcionan como religiones «legítimas» y salvadoras allí donde el cristianismo está ausente; por tanto, sus fieles deberían clasificarse como «cristianos anónimos» que tienen «fe implícita» (es decir, la disposición de creer lo que la iglesia cree); y la tarea del misionero de la iglesia es hacer explícitamente cristiana la fe del mundo anónimamente cristiano, como hizo Pablo en Atenas, presentando al Dios a quien ya se le adoraba en ignorancia (Hch. 17:23).[10] En la teología católica moderna aparecen muchas ideas en este sentido, que postulan una enorme obra salvadora de Dios fuera de la Iglesia. Este es el tipo de especulación que se sustenta en la declaración del Concilio Vaticano II y que, por tanto, la mayoría de los católicos romanos la consideran como una verdad casi axiomática. ¿Qué debemos hacer con esta idea? Me parece que se debe decir lo siguiente.

Primero, la idea de Rahner es especulativa, y tiene una esencia muy diferente del discurso de Pablo en Atenas, que condenaba la idolatría sin justificarla de ninguna manera.

Segundo, es un hecho innegable que las religiones no cristianas son radicalmente distintas del cristianismo. Desde el punto de vista de Rahner, esperaríamos encontrar alguna correspondencia o convergencia fundamental, pero Owen Thomas parece tener razón cuando escribe:

El estudio moderno de las religiones ha hecho sumamente difícil, si no imposible, demostrar que en el núcleo de todas

---

10. Karl Rahner, «Christianity and the Non-Christian Religions», *Theological Investigations*, trad. Karl H. Kruger (Londres, Darton, 1966), 5:115-35.

ellas hay una esencia ideal… Las supuestas religiones superiores no están más unidas con las formas anteriores o inferiores, sino que en realidad están más claramente divididas… Los adeptos de las otras religiones sinceramente no pueden ver cumplidos en el cristianismo sus instintos más profundos. Si alguna vez has hablado con un erudito musulmán, budista o hindú, sabrás cuán cierto es eso. Existen realmente diferencias decisivas entre las religiones en cuanto a la naturaleza de lo divino y la realización humana.[11]

Lo que Thomas está diciendo es que los hechos no encajan con la teoría. Realmente parece que las religiones del mundo van en dirección opuesta a la del cristianismo.

Tercero, si las religiones no cristianas son caminos de salvación hasta que llegue el cristianismo, pero no después, entonces como Owen Thomas señala con agudeza, «podría ser más seguro para la devoción de las otras religiones que el mensaje cristiano se mantuviera en secreto».[12] ¡Exactamente! Entonces la misión cristiana sería más un perjuicio que un favor para el mundo. El misionero tendría que elegir entre la deshonestidad de ocultar o la locura de admitir que el primer efecto de llevar el evangelio sería destruir una posibilidad de salvación que existía antes. Sin duda esto es la *reducción al absurdo* de toda la idea de Rahner.

Y por sobre todo eso, según vimos hace poco, la especulación de Rahner pasa por alto, y en realidad contradice, el punto de vista bíblico de que las religiones no cristianas están arraigadas en la apostasía y que, por tanto, son manifestaciones de religiosidad humana, que en esencia es vergonzosa en lugar de recta.

Entonces no puedo estar de acuerdo con la especulación protestante ni con la católica romana de que existe una verdadera religión

---

11. Owen C. Thomas, «Introducción», en *Attitudes toward Other Religions*, ed. Owen C. Thomas (Londres, 1969), pp. 22-23.

12. Thomas, «Introducción», p. 24.

salvadora (que esencialmente tiene el mismo carácter de la fe cristiana) fuera del ámbito en el que existe la fe en Cristo.

Admitiré (lo que desde luego no es un punto nuevo, ya que otros lo han hecho antes que yo) que si mediante algún tipo de revelación especial directa, Dios hace que personas que nunca han oído hablar del cristianismo reconozcan su pecado y según la luz de la conciencia se arrepientan de todo corazón y confíen en que Él las perdona, entonces son realmente perdonadas y salvadas por gracia, y que en una vida más allá de esta, aunque no aquí,

Las religiones del mundo van en dirección opuesta a la del cristianismo.

averigüen que quien las salvó fue Jesucristo. Yo aceptaré eso de buen grado. Lo que no sé es si esto sucederá alguna vez. Y en la ausencia de tal conocimiento, aún sigo estando de acuerdo con lo que afirmó Pedro, en las palabras con las que comenzó esta conferencia: «No hay otro nombre bajo el cielo, dado a los hombres, en que podamos ser salvos» (Hch. 4:12).

Universalismo: Todos serán salvos

Ahora echemos una mirada por un momento al universalismo, una teoría muy extendida y popular en estos días. Se la presenta como un optimismo, no de la naturaleza, como si ningún ser humano fuera tan malo como para que Dios lo condene, sino de la gracia. La teoría supone que parte del triunfo y la victoria de Cristo en la cruz fue que su muerte garantizó la salvación de todos los hombres que alguna vez han vivido o vivirán. Parece muy honroso para el Padre y el Hijo hacer tal sugerencia. Sin duda encaja con lo que me gustaría creer, y estoy seguro de que a ti también. Porque yo creería que hay algo malo contigo si me dijeras que realmente no te gustaría poder creer que todos los hombres en todas partes finalmente serán salvos. Esta sería una doctrina muy atractiva. Le quitaría a la vida uno de los aspectos, una de las verdades que conocemos, que hace que toda la vida sea incómoda hasta cierto punto para el pueblo cristiano.

Pero la pregunta es: ¿Nos permite la Biblia ser universalistas? La tesis universalista, al menos como se expone entre los protestantes, toma esta forma: Que todas las amenazas que el Nuevo Testamento pronuncia contra los que rechazan el mensaje de Cristo son ciertas, y que habrá quienes irán al infierno. Es decir, estas personas entrarán a una experiencia como la del hombre rico en la parábola de nuestro Señor, una experiencia de dolor y angustia por la impiedad que tuvieron en la tierra. Pero este no será su estado final. La especulación universalista es que, en última instancia, el infierno quedará deshabitado.

Por tanto, según esta teoría, el infierno hace por los incrédulos lo que el purgatorio hace por los creyentes en la teoría católica romana. Es decir, los hace aptos para el cielo. El universalismo aparece como una doctrina de salvación de lo que el Nuevo Testamento llama destrucción eterna, castigo eterno, perdición, etc.

La idea es que, en ese estado, los seres humanos tendrán un nuevo encuentro con Jesucristo y su oferta de misericordia. Para algunos, esta será una segunda oportunidad, para otros que nunca han oído el evangelio será su primera oportunidad. Los universalistas confían en que este encuentro dará lugar a una respuesta positiva, que conducirá a la transición del estado de castigo y angustia por el pecado al estado final de gozo y gloria. Por tanto, todos los seres humanos finalmente serán salvos.

Para enfocar esto, tengamos en cuenta que el universalismo es la doctrina de la salvación incluso de Judas. Por tanto, esta teoría debería probarse con referencia al caso de Judas, de quien el Nuevo Testamento nos comunica bastante.

El tiempo no nos permite entrar en todos los detalles de los argumentos con que los universalistas defienden su punto de vista. Por la forma en que lo he expuesto, podrías haber llegado a la conclusión de que se trata de una perspectiva un tanto peligrosa de argumentar basándonos en las Sagradas Escrituras, que no se parece en nada a lo que afirma la Biblia.

Por ejemplo, recordemos cómo en la parábola de nuestro Señor (si parábola es el nombre correcto) se narra cuál será el destino para las ovejas y para las cabras. La historia termina con una clase de individuos que van a la vida eterna (*zoé aiónios*), y la otra clase que van al castigo eterno (*kólasis aiónios*) (Mt. 25:46). La palabra *aiónios* en ambos casos significa lo que pertenece a la era por venir: la última etapa, la era final, el estado definitivo. Por tanto, parece que en ambos casos implica eternidad.

No hay argumentos convincentes de las Escrituras que los universalistas logren aportar en que puedan citar textos, que tomados en forma aislada, parezcan señalar en esta dirección, que finalmente todos serán salvos. Los mismos autores que citan tales textos hacen otras declaraciones en otros lugares que demuestran que al menos no esperaban la salvación universal de esta manera.

Solo un ejemplo de muchos: del cuarto Evangelio, en palabras de nuestro Señor mismo, es verdad que dijo: «Yo, si fuere levantado de la tierra, a todos atraeré a mí mismo» (Jn. 12:32). Pero también es verdad que dijo, y en realidad había dicho antes: «Vendrá hora cuando todos los que están en los sepulcros oirán su voz; y los que hicieron lo bueno, saldrán a resurrección de vida; mas los que hicieron lo malo, a resurrección de condenación» (Jn. 5:28-29), lo cual no se parece a una salvación universal. Se podrían dar muchos más ejemplos de esto.

Cuando se ofrecen argumentos teológicos como una base para deducir la salvación universal, las personas se topan con obstáculos y con el testimonio bíblico. La afirmación de que «Dios es amor», en 1 Juan 4:8, está precedida por la declaración de que «Dios es luz» (1 Jn. 1:5).

Y cuando John Robinson, por ejemplo, sostiene que la justicia divina es una función del amor divino, eso no parece cuadrar con lo que 1 Juan afirma. Una vez más, debemos enfrentar el hecho de que el Nuevo Testamento insiste en que no hay salvación donde no hay fe, y no nos brinda respuesta a la inquietud: Si la presentación que Dios hace de su amor y su evangelio a los seres humanos no los conmueve en esta vida, ¿qué derecho tendríamos de suponer que los conmoverá en la vida venidera?

Una cita que circula por ahí, y que no sé dónde se originó, es esta: «Ningún alma está perdida hasta que Dios la haya abrazado en la eternidad y la haya mirado largamente a los ojos». Podemos ver lo que ahí se expresa. Pero la pregunta tiene que ser: ¿Podría el Señor Jesús en cualquier vida futura hacer más para demostrar amor a Judas, y mirarlo de manera más larga y eficaz a los ojos, de lo que hizo en este mundo? Y si Judas fue insensible a todo eso en este mundo, ¿hay alguna buena razón para suponer que su corazón será diferente en el mundo venidero?

No prosigo más con el argumento. Lo que me interesa mostrar al razonar de esta manera es que toda la posición es especulativa. Y lo que deseo exponer ahora, para concluir mi muy breve reseña del universalismo, es que parece haber tres contraargumentos bíblicos, que lejos de ser especulativos, son bíblicamente inevitables, los que, a mi juicio, hacen prácticamente imposible sostener la perspectiva universalista.

Expondré estos tres contraargumentos en forma de preguntas.

1. El universalismo y las decisiones humanas

¿No hace caso omiso el universalismo al énfasis bíblico en el carácter tajante de las decisiones de esta vida para la determinación del destino? Pensemos otra vez en Judas. Nuestro Señor dijo de él en Mateo 26:24:

«A la verdad el Hijo del Hombre va, según está escrito de él, mas ¡ay de aquel hombre por quien el Hijo del Hombre es entregado! Bueno le fuera a ese hombre no haber nacido». ¿Crees que Jesús habría hablado así de un hombre cuya salvación final esperaba?

Hay muchas Escrituras más que señalan en la misma dirección. Podemos preguntar qué hay de terrible en la advertencia de Jesús a los judíos en Juan 8:21-24, de que si no creen que Él es aquel que Dios envió, morirán en sus pecados. Si en última instancia se salvarían, ¿es este un desastre final, y deberíamos verlo como un desastre final?

¿Por qué insertó Jesús en la parábola del hombre rico y Lázaro el detalle de que entre el uno y el otro, en ese estado futuro al que pasaron, había una gran cima, de modo que ninguno podía pasar de un lado al otro?

Pues bien, hay muchas Escrituras que apuntan en esta dirección y parecen justificar en gran manera lo que Friedrich von Hügel, teólogo católico romano laico de los primeros años del siglo xx, denominó la «afirmación de consecuencias permanentes», el carácter tajante de las decisiones de esta vida como el determinante de lo que será el más allá. ¿Pasa esto por alto el universalismo? Creo que sí.

2. El universalismo y la predicación del evangelio

Un segundo punto es el enfoque de un dilema que creo que los universalistas no pueden evitar. A ellos les corresponde elegir en qué cuerno prefieren ser empalados. *¿No condena la hipótesis universalista la predicación de Cristo y los apóstoles como inepta o inmoral?* ¿Inepta porque ignoraban que todos se salvarían y por eso hablaban como si no todos se salvarían, o inmoral porque sabían que al final todos se salvarían, pero ocultaron esta realidad para engañar a las personas en cuanto a entrar en el reino usando la motivación del miedo?

Este es un dilema doloroso de formular, y debes disculpar su tosquedad, pero quiero expresarlo con claridad. El universalista debe conformarse con una de esas dos alternativas. Dejo que él elija cuál. Pero yo mismo rechazo el dilema, porque rechazo la doctrina.

3. El universalismo y la conciencia cristiana

He aquí mi tercera consideración, que también expreso en forma de pregunta: *¿No rechaza el universalismo la propia conciencia de cada cristiano?* He aquí una cita de James Denney: «No me atrevo a decirme que si pierdo la oportunidad [es decir, la oportunidad espiritual] que me brinda esta vida, jamás tendré otra; y, por tanto, no me atrevo a decírselo a otro individuo»,[13] no me atrevo a decir eso de otro semejante. ¿Cómo podría hacerlo? Sé que no hay respuesta para eso.

Entonces me veo concluyendo que no sería prudente ponerlo todo en la canasta universalista. Esta es una especulación atractiva, pero no bíblica. Las Escrituras nos obligan a vivir con la incómoda certeza de que las personas que no tienen a Cristo, que viven y mueren sin Cristo están, en algún sentido sustancial y real de la palabra, perdidas. Las Escrituras requieren que desarrollemos nuestra política de vida sobre la base de que esto realmente es así.

Un mundo que se pierde

¿Qué nos queda, entonces? ¿Qué clase de política de vida nos exigen las Escrituras que tengamos? Nos queda un mundo del que el mismo Pablo asegura más de una vez que está perdiéndose. Así afirma: «La palabra de la cruz es locura a los que se pierden» (1 Co. 1:18). Su frase *que se pierden* se basa simplemente en los hechos. Esta es la condición. Es la manera en que están los que se pierden. Es la medida de su necesidad. El mundo se pierde. «El mundo entero está bajo el maligno» (1 Jn. 5:19). Los seres humanos sin Cristo realmente no tienen esperanza, pero a nosotros nos queda un Salvador suficiente, Cristo crucificado. Él es Cristo, el poder y la sabiduría de Dios, el Señor resucitado y reinante, quien en el poder de su obra expiatoria y de su ministerio celestial es adecuado para suplir las necesidades de todo ser humano y apoyar a la humanidad en toda situación en que pueda entrar.

---

13. James Denney, *Studies in Theology* (Londres, Hodder and Stoughton, 1895), p. 244.

Este Salvador nos trae salvación, que podemos catalogar como grandiosa. Nuestro privilegio es proclamar al Salvador y declarar que, aunque «no hay otro nombre bajo el cielo, dado a los hombres, en que podamos ser salvos», todos podemos salvarnos mediante el nombre de Cristo. Él es el Salvador y libertador suficiente y adecuado en todas las necesidades humanas extremas.

Un Dios soberano

Nos queda un Dios soberano, que, aunque no debe la salvación a nadie, está haciendo una obra salvadora por medio de la Palabra en gracia todopoderosa, a fin de crear para sí mismo un pueblo, una nueva humanidad. El evangelio nos llama a identificarnos con esta nueva humanidad como destinatarios del mensaje de la cruz, como quienes por sí mismos confían en Jesucristo como Salvador y Señor.

Un llamado urgente

Dicho eso, estamos llamados a identificarnos con la misión de la Iglesia de ser los representantes del Señor en llevar este mensaje al resto de la humanidad. Si el universalismo fuera verdadero, difícilmente habría tarea misionera. Difícilmente habría alguna urgencia de hablar a las personas acerca del Salvador que necesitan. Ya que, según los defensores del universalismo, si no escuchan en esta vida, escucharán en la venidera, y al final se salvarán de todos modos.

Pero según la Biblia, no ocurre así. Los creyentes que saben que la soberanía de Dios obra por medio de la Palabra para salvar a los pecadores deben reconocer también la autoridad del mandato divino de «ir y hablar», porque esta es la única esperanza de vida para los seres humanos necesitados. Así que nos queda, como pueblo cristiano, una tarea que realizar. Misión es el nombre común que le hemos dado.

En sentido estricto, la misión cristiana incluye tanto buenas obras como evangelización, tanto altruismo como plantación de iglesias, tanto acción social como el anuncio del evangelio. Pero no hay duda de que la evangelización debe ser lo primero. Concibo como un error que se combinen estos dos aspectos de la misión cristiana.

Sin duda, la verdad del asunto es que el propósito de las buenas obras es dar credibilidad a las buenas palabras. De este modo, y por todos los medios, se hace avanzar el mensaje y se induce a los seres humanos a creerlo, a recibirlo, a confiar en el Cristo a quien presenta y en quien se encuentra la vida. En el propio ministerio de Jesús, sus obras de amor como curar, alimentar a los hambrientos, etc., tuvieron por objeto hacer creíble, confirmar y establecer su identidad como el Mesías y el Dios Salvador, y así atraer a las personas a confiar en Él.

Apéndice

Vida y legado de J. I. Packer

J. I. PACKER (1926-2020) fue durante toda la vida un clérigo anglicano que pasó la primera mitad de su existencia en Inglaterra y la segunda mitad en Canadá, pero que tal vez fue más popular en los Estados Unidos. Se le reconoce ampliamente como uno de los divulgadores teológicos más influyentes del siglo xx.[1]

James Innell Packer nació el 22 de julio de 1926, en la aldea de Twyning en el norte de Gloucestershire, Inglaterra, primogénito de James y Dorothy Packer. Su única hermana, Margaret, nació en 1929. Los Packer eran una familia de clase media baja con una fe nominal anglicana y que asistía fielmente a la cercana iglesia, St. Catherine, pero que nunca hablaba de las cosas de Dios y ni siquiera oraba antes de las comidas.

En septiembre de 1933, a los siete años de edad, al ser perseguido en la calle por un matón de la escuela primaria, el joven Packer chocó violentamente contra una furgoneta que pasaba por allí. La lesión traumática lo obligó a someterse a una operación cerebral, a una estadía de tres semanas en el hospital y a seis meses de recuperación en casa, sin poder asistir a la escuela. Packer sufrió una fractura múltiple en el lado derecho del hueso frontal… que él comparó después con la forma en que se rompe la cáscara de un huevo al golpearlo con una cuchara. Un experto cirujano del hospital local pudo extraer los trozos de hueso roto. El médico le exigió que usara sobre la lesión una placa

---

1. Parte de este apéndice está adaptada de Justin Taylor, «J. I. Packer (1926-2020)», TGC, 17 julio, 2020, https://www.thegospelcoalition.org.

protectora negra de aluminio, sujeta con una banda elástica. Se le prohibió practicar cualquier deporte, lo que provocó que el joven, ya propenso a ser solitario, se limitara aún más a actividades como leer y escribir. Usó la placa protectora durante los siguientes ocho años y luego, a los quince, no quiso usarla más.

La mañana de su undécimo cumpleaños, en 1937, Packer despertó con la esperanza de que hubiera una bicicleta esperándolo, un regalo tradicional para los chicos ingleses al acercarse a la mayoría de edad. Él había hecho insinuaciones. En lugar de eso, sus padres le obsequiaron una pesada máquina de escribir Oliver usada, pero en excelentes condiciones. Su biógrafo Alister McGrath menciona la lección espiritual: «No era lo que Packer había pedido; sin embargo, resultó ser lo que necesitaba… su mejor regalo y la posesión más preciada de su infancia».[2]

Ese otoño de 1937, Packer pasó de la escuela primaria a la escuela secundaria Crypt School, que contaba entre sus exalumnos con el predicador y evangelista del siglo XVIII, George Whitefield. Packer se convirtió en el único estudiante de su clase que se especializó en los «clásicos».

Packer fue confirmado en la iglesia de su familia, St. Catherine, a los catorce años de edad, sin que nunca hubiera oído hablar de la conversión ni de la fe salvadora.

A los dieciocho años, Packer obtuvo una beca para estudiar clásicos en el Corpus Christi College de Oxford University. Llegó a Oxford como un intelectual tímido, raro y excéntrico (según su propia descripción), con una sola maleta en la mano. Su padre, empleado del ferrocarril Great Western Railway, le consiguió a su hijo el pasaje gratis para el viaje en tren de una hora de duración.

Tres semanas después, el domingo 22 de octubre de 1944, Packer asistió a un servicio evangelístico nocturno en la iglesia St. Aldate. Un anciano pastor anglicano pronunció el sermón. La exposición bíblica

---

2. Alister McGrath, *J. I. Packer: His Life and Thought* (Downers Grove, IL: InterVarsity, 2020), p. 6.

aburrió a Packer, pero en la segunda mitad, el pastor contó cómo en un campamento para chicos le habían cuestionado si realmente era cristiano. Packer se reconoció a sí mismo en la historia y comprendió que no conocía a Cristo. Tras la invitación, que concluyó con la entonación del himno «Tal como soy» (escrito por Charlotte Elliot en 1835), Packer confió en Jesucristo como Salvador de sus pecados y Señor de su vida. Se encontraba a pocos metros de donde Whitefield se había convertido en 1735.

Ese mismo año, en 1944, un clérigo anglicano jubilado, al perder la vista, donó su gran biblioteca a la Oxford Inter-Collegiate Christian Union. Los dirigentes de esta institución la almacenaron en un sótano y le preguntaron a Packer, el ratón de biblioteca, si quería ordenar las colecciones, que incluían clásicos de los siglos XVI y XVII.

Packer no tardó en toparse con una colección inédita de los escritos del puritano del siglo XVII, John Owen. El joven observó con interés el volumen sobre la tentación y el pecado, lo abrió y devoró el contenido. Años más tarde escribió: «Creo que le debo más a John Owen que a cualquier otro teólogo, antiguo o moderno, y estoy seguro de que le debo más a su librito sobre la mortificación que a todo lo demás que él haya escrito».[3] Packer adoptaría el modelo puritano de pastor y erudito piadoso. En realidad, les pedía a las personas que pensaran en él como un puritano de los últimos tiempos: «Alguien que, al igual que los grandes líderes del siglo XVII a ambos lados del Atlántico, busca combinar en sí mismo los roles de erudito, predicador y pastor, y les habla de ese propósito».[4]

Tras licenciarse en Corpus Christi de Oxford (1948), Packer asumió su primer puesto docente en Oak Hill Theological College de Londres como tutor (instructor) en griego y latín (junto con algo de filosofía). Durante los tres años siguientes, Packer estudió para la orde-

---

3. J. I. Packer, «Introducción», *Puritan Portraits* (Fearn, Ross-shire, UK: Christian Focus, 2012), p. 1.

4. J. I. Packer, «Inerrancy and the Divinity and Humanity of the Bible», en *Honouring the Written Word of God: The Collected Shorter Writings of J. I. Packer*, vol. 3 (Vancouver: Regent College Publishing, 2008), p. 162.

nación en Wycliffe Hall, Oxford, y después realizó una investigación doctoral. Fue ordenado como diácono en la Iglesia de Inglaterra en 1952, y después como sacerdote en Birmingham Cathedral en 1953. Desde 1952 hasta 1954 sirvió como coadjutor (pastor asociado) en St. John's Harborne, un suburbio de Birmingham, mientras terminaba en Oxford University su tesis doctoral de cuatrocientas páginas sobre el puritano Richard Baxter. Obtuvo la maestría y el doctorado en 1954.

El 17 de julio de 1954, Packer se casó con Kit Mullett, una enfermera galesa a quien conoció después de dictar una conferencia en Surrey a finales de la primavera de 1952. Juntos adoptarían tres hijos: Ruth, Naomi y Martin.

Los Packer se mudaron a Bristol en 1955, donde él se desempeñó como profesor en Tyndale Hall. En 1961, se volvieron a mudar a Oxford, donde durante los siguientes nueve años él trabajó como bibliotecario y luego fue director de Latimer House, un centro de investigación evangélica creado por Packer y John Stott con el fin de fortalecer teológicamente a la Iglesia de Inglaterra.

En 1970, Packer regresó a Tyndale Hall como director. Al año siguiente, Tyndale Hall se incorporó a la nueva Trinity College, en Bristol, donde Alec Motyer fue nombrado director y Packer el director asociado. El cambio permitió a Packer disponer de más tiempo para escribir.

A principio de la década de 1970, Packer se puso en contacto con Inter-Varsity Press para publicar una serie de artículos que había escrito en la década de 1960 para la revista *Evangelical Magazine*. La editorial respondió que necesitaban que escribiera sobre el tema carismático que se extendía por Gran Bretaña antes de considerar un libro suyo sobre otra materia. Como resultado, Packer llevó los artículos a Hodder & Stoughton, quienes aceptaron gustosamente publicarlos. InterVarsity Press en los Estados Unidos acordó adquirir los derechos norteamericanos. El libro fue publicado en 1973 con el título de *Knowing God* (*Hacia el conocimiento de Dios*, Logoi, 1979). Esta obra, más que cualquier otra, estableció la fama internacional de Packer y se vendieron más de millón y medio de ejemplares. Él escribió: «La convicción detrás del libro es que el desconocimiento de Dios… es la raíz de gran parte de la debilidad de la iglesia de hoy».[5]

Packer se reunió en febrero de 1977 con R. C. Sproul, John Gerstner, Norman Geisler y Greg Bahnsen en Mount Hermon, California, para una conferencia sobre la autoridad de las Escrituras. Más tarde ese mismo año se formó el Consejo Internacional sobre la Inerrancia Bíblica, el cual elaboró en 1978 la Declaración de Chicago sobre la Inerrancia Bíblica, con Sproul como el autor principal.

James Houston, quien había sido amigo de Packer desde sus días de estudiantes en Oxford, lo invitó en 1979 a formar parte del profesorado de Regent College en Vancouver. Packer aceptó finalmente el cargo, que le permitiría enseñar sin realizar tareas administrativas, y se trasladó con su familia al otro lado del Atlántico. Conservó un puesto en la universidad hasta el final de su vida, retirándose de la enseñanza a tiempo completo en 1996 y enseñando a tiempo parcial a partir de entonces.

A finales de la década de 1990, Packer aceptó una invitación de Lane Dennis, presidente y director general de Crossway, para trabajar como editor general de la English Standard Version, una actualización de la Revised Standard Version, que a su vez pertenecía al linaje histórico en inglés de la King James Bible. La ESV se publicó en 2001. Packer reflexionó así en los últimos días de su vida sobre su participación en esta traducción de la Biblia: «Creo firmemente que esto fue lo más importante que he hecho para el reino de Dios».[6]

La «última cruzada» de Packer se dedicó a ayudar a la Iglesia a recuperar la catequesis (instrucción en la fe cristiana). Esta obra culminó en *Ser cristiano: Un catecismo anglicano*, la doctrina de la Iglesia Anglicana en Norte América (IANA).

---

5. J. I. Packer, *Knowing God* (Wheaton, IL: Crossway, 2023), p. xiv.

6. J. I. Packer, comentario hecho en un banquete organizado por Crossway en el International Christian Retail Show, 2006.

En ocasiones, Packer se preguntaba si los comentaristas de su carrera teológica y ministerial habían pasado por alto su lado personal, incluido el humor que veía en la vida y el brillo en sus ojos. Él no quería que lo describieran como un cerebro dentro de una cubeta o un simple proveedor de ideas teológicas. Su viejo amigo Timothy George describió cómo era ver a Packer en acción:

> Su sonrisa es irresistible y sus carcajadas pueden iluminar las reuniones más sombrías. Su amor por todo lo humano y todo lo compasivo brilla con luz propia. Su dominio de las ideas y de las palabras más adecuadas para expresarlas es incomparable. Siempre intolerante con todo tipo de engaños, su carácter santo y su espiritualidad son profundos.[7]

En 2015, mientras se filmaba un breve documental sobre Packer para Crossway, llegó el momento de hacerle una última consulta. Le preguntaron cómo quería que lo recordaran algún día cuando hubiera fallecido. Él hizo una pausa, en su manera característica antes de contestar cualquier pregunta (por rutinaria que fuera), respiró profundamente y respondió:

> Al recordar la vida que he vivido, me gustaría ser recordado como una voz… una voz que se enfocó en la autoridad de la Biblia, en la gloria de nuestro Señor Jesucristo, en la maravilla de su sacrificio sustitutivo y la expiación de nuestros pecados. Me gustaría que me recordaran como una voz que anuncia la santidad al pueblo cristiano y que cuestiona las faltas a las normas cristianas morales.
>
> Me gustaría ser recordado como alguien que siempre fue respetuoso en las controversias, pero sin hacer concesiones.
>
> Te pido que agradezcas a Dios conmigo por la forma en que

---

7. Timothy George, «Introducción», *J. I. Packer and the Evangelical Future: The Impact of His Life and Thought*, ed. Timothy George (Grand Rapids, MI: Baker Academic, 2009), p. 11.

me ha guiado, y deseo, espero y oro para que disfrutes la misma guía clara de parte de Él y la misma ayuda en realizar las tareas que te ha asignado y que yo he disfrutado. Y si tu gozo coincide con el mío a medida que avanzamos en nuestras vidas cristianas, pues bien, serás realmente bendecido.[8]

J. I. Packer partió a la presencia del Señor el 17 de julio de 2020, en su casa en Vancouver a los noventa y tres años de edad.

---

8. «J. I. Packer: In His Own Words», Crossway Articles, 18 de julio de 2020, https://www.crossway.org.

Índice general

Índice de referencias bíblicas

Este libro expone de manera breve la esencia permanente del cristianismo, como un sistema de creencias y una forma de vida. La teología es para alabar a Dios y practicar la santidad. Por consiguiente, la teología debe presentarse de tal forma que nos haga conscientes de la presencia divina. Dividido en cuatro partes, el libro destaca a Dios como Creador, Redentor, Señor de la gracia y Señor del destino. A medida que aprendas más acerca de las enseñanzas fundamentales de la fe, crecerás en el conocimiento de Dios y lo adorarás como tu Creador, Redentor y Señor soberano.

NUESTRA VISIÓN

Maximizar el efecto de recursos cristianos de calidad que transforman vidas.

NUESTRA MISIÓN

Desarrollar y distribuir productos de calidad —con integridad y excelencia—, desde una perspectiva bíblica y confiable, que animen a las personas a conocer y servir a Jesucristo.

NUESTROS VALORES

Nuestros valores se encuentran fundamentados en la Biblia, fuente de toda verdad para hoy y para siempre. Nosotros ponemos en práctica estas verdades bíblicas como fundamento para las decisiones, normas y productos de nuestra compañía.

Valoramos la excelencia y la calidad
Valoramos la integridad y la confianza
Valoramos el mérito y la dignidad de los individuos
   y las relaciones
Valoramos el servicio
Valoramos la administración de los recursos

Para más información acerca de nuestra editorial y los productos que publicamos visite nuestra página en la red: www.portavoz.com